Cord Riechelmann

Wilde Tiere in der Großstadt

Cord Riechelmann

Wilde Tiere in der Großstadt

nicolai

Das am Textrand erscheinende CD -Symbol verweist auf ein Hörbeispiel, die dahinter stehende Zahl benennt den jeweiligen Track auf der beiliegenden CD.

© 2004 Nicolaische Verlagsbuchhandlung GmbH, Berlin

Lektorat: Uta Rüenauver, Katja Klier
Gestaltung: Lisa Neuhalfen
Repro: Mega-Satz-Service, Berlin
Druck und Bindung: Clausen & Bosse, Leck

Alle Rechte vorbehalten

ISBN 3-89479-133-0

Inhalt

Einleitung 7

Die Invasion der Großen 19
Berlin Alexanderplatz 51
Herbst und Winter 73
Im und am Wasser 117
Ein Spaziergang 141
Danksagung 170

Anhang
Literatur 174
Bild- und Tonnachweis 175
CD-Inhaltsverzeichnis 176

Einleitung

»Wildschweine ›schießen‹ Hertha vom Trainingsfeld«, teilte der *Berliner Kurier* am 24. August 1999 seinen Hauptstadt-Lesern mit. Im August 2003 titelte der *Stern*: »Hilfe – die Waschbären sind los! Kassel – eine Stadt im Ausnahmezustand«. Die Boulevardzeitung *BZ* fragte im Juli 2002 in großen Lettern: »Füchse in Berlin – sind sie für Menschen gefährlich?«

Immer häufiger finden sich, insbesondere im Sommer, Schlagzeilen in der Tagespresse, die auf die steigende Zahl ungewohnter Mitbewohner in Deutschlands Großstädten hinweisen: »Schweinebande. Wildsäue rücken rottenweise aufs Stadtgebiet vor«, berichtete das Berliner Stadtmagazin *Zitty* im August 2003; »Falscher Hund – und plötzlich war's ein Fuchs«, warnte die *BZ* im Mai 2002. Sachlicher überschrieb *Der Tagesspiegel* einen ausführlichen Artikel: »Nicht nur Schwarzwild und Füchse, auch Waschbären und Marder fühlen sich zunehmend heimisch in der Stadt«.

Wilde Tiere, die man gemeinhin nur aus Zoos oder aus der »freien Natur« kennt, werden seit Jahren vermehrt im städtischen Raum auffällig. Als vor 65 Jahren Füchse begannen, in die Vororte Londons einzudringen, markierte dies den Anfang einer Siedlungsgeschichte, deren Ende nicht abzusehen ist. Füchse zählen heute in über 200 Städten Großbritanniens zur ständigen Stadtfauna. Auf dem europäischen Festland sind sie in die Vororte von Paris, Amsterdam, Kopenhagen, Frankfurt und Berlin eingezogen und dehnen ihre Reviere immer weiter bis in die innerstädtischen Bezirke aus. Waschbären wandern durch die Vororte von Toronto und schlafen dort in den Mülltonnen. Turmfalken bauen in Jerusalem ihre Nester mittlerweile in Blumentöpfen auf den Balkonen der Häuser.

Die neuen Zuzüge werden von der Öffentlichkeit und von der Presse mit einer Mischung aus Erstaunen, Freude und Ängstlichkeit zur Kenntnis genommen. Dass sich wilde Tiere, die bisher als menschenscheu galten, auf öffentlichen Plätzen, in den Straßen, in privaten Gärten und Hinterhöfen, in den Kellern und auf Hausdächern langsam aber stetig in das städtische Alltagsbild einfügen, empfinden die meisten Menschen als ungewöhnlich – zumindest noch.

Auffällige und überraschende Umsiedlungen von Tieren in städtische Lebensräume sind überall auf der Welt zu beobachten. Und dieser Prozess ist noch lange nicht abgeschlossen. So gehört seit einigen Jahren eine wohlgenährte Klapperschlangenpopulation zum Stadtbild von Berkeley. Zu jeder Jahreszeit kann man an den Ufern der Kanäle im Zentrum von Mailand Kormorane dabei beobachten, wie sie nach ihren Tauchgängen die nassen Federn trocknen. Haubentaucher haben begonnen, die Grachten von Amsterdam für sich zu entdecken. Die städtische Atmosphäre muss sie dabei so beeindruckt haben, dass sie das ganze Jahr über im Prachtkleid umherschwimmen, während ihre ländlichen Artgenossen die aufstellbaren Federohren und den rostroten Backenbart nur im Sommer tragen. Der städtische Lebensraum verändert das Verhalten der Tiere mitunter so einschneidend, dass sie nicht einmal mehr ihre Winterquartiere in wärmeren Gefilden aufsuchen. Viele Störche, die sich, ob in Karlsruhe oder an Stadträndern in der spanischen Estremadura, fast ausschließlich von den wachsenden städtischen Müllkippen ernähren, sehen keine Veranlassung mehr, nach Afrika zu ziehen. Der ganzjährig in beliebiger Menge zur Verfügung stehende Müll wirkt sich direkt auf ihr Verhalten aus, sodass sie schließlich zu Stadtvögeln werden. In Ballungszentren nisten sie in sonst ungewohnter Nähe zu städtischen Siedlungen, manchmal sogar auf den Sendemasten von Radiostationen.

Für die Motivation, den ursprünglichen Lebensraum zu verlassen, lassen sich bei manchen Tierarten offensichtliche Gründe erkennen. Füchse zum Beispiel haben sich in den Wäldern, auf Wiesen und Äckern so stark vermehrt, dass man von einer Übervölkerung sprechen kann. Nachwachsende Tiere finden keinen Platz mehr, um sich zu etablieren, und werden auf der Suche nach neuen Lebensmöglichkeiten in die bislang von Artgenossen noch nicht besiedelten Städte abgedrängt. Enten und anderes jagdbares Wild hingegen zieht es eher deshalb in die Städte, weil sie dort vergleichsweise sichere Gebiete vorfinden, in denen sie unbehelligt von den Gewehren der Jäger siedeln können. Für Menschen ist Landflucht seit Jahrhunderten eine Möglichkeit, Lebensverhältnissen auszuweichen, die als ungesund oder rigide empfunden werden. Pflanzen und Tiere folgten diesem Vorbild erst spät – vor allem seit den siebziger Jahren des 20. Jahrhunderts kommen sie, in Mitteleuropa mit steigender Tendenz, aus ländlichen Gegenden in die städtischen Ballungszentren, wo sie dauerhaft heimisch werden. Dazu trägt auch die moderne, so genannte intensive Landwirtschaft bei. Durch die umfassende Düngung mit anorganischen Stoffen wie Phosphaten und Stickstoffverbindungen werden den Böden mehr Nährstoffe zugeführt, als Pflanzen für ihr Wachstum benötigen. Dies begünstigt das Wachstum einiger weniger Pflanzenarten wie Mais, Weizen und Gerste, die in den Monokulturen der Landwirtschaft prächtig gedeihen und in guten Erntejahren immer neue Ertragsrekorde liefern. Andere Pflanzen, Wildkräuter zum Beispiel, kommen mit den nährstoffüberfütterten Böden weitaus weniger gut zurecht. Sie werden in ihrem Wachstum gehemmt und, so die traurige Prognose, schließlich wohl ganz aus den überdüngten Gebieten verschwinden. Die geringer werdende Artenvielfalt bei den Pflanzen hat Folgen für die Tierwelt. Das betrifft zum Beispiel Insekten, die auf bestimmte Blüten spezialisiert sind, ebenso wie Vögel, die gewohnt sind, diese Insekten zu fressen. Tiere, die Wildkräuter nicht nur als Nahrung, sondern auch als Heilmittel nutzen, erkranken häufiger und werden seltener.

Die Überdüngung als Mittel einer Landwirtschaft, die immer noch hauptsächlich auf Ertragssteigerung ausgerichtet ist, kann also sicherlich als eine der Ursachen für den massiven Artenschwund in den europäischen, amerikanischen und australischen Kulturlandschaften angesehen werden. In dieser Situation bieten Städte gerade jenen Pflanzen- und Tierarten, die sich an die Folgen der Überdüngung nicht anpassen können, eine Ausweichmöglichkeit.

Der Berliner Stadtraum gehört in Bezug auf Pflanzen, Insekten, Kriech- und Säugetiere sowie Vögel zu den artenreichsten Gebieten Deutschlands. Das liegt unter anderem daran, dass öffentliche Grünflächen nicht gedüngt werden – der Senat der Stadt, die sich chronisch in Geldnöten befindet, hat hierfür schlicht kein Budget vorgesehen. Ein anderer Grund dafür, dass in Berlin pro Hektar sogar mehr Tier- und Pflanzenarten zu finden sind als im grünen Umland und in den meisten anderen deutschen Städten, liegt in der besonderen Beschaffenheit der Stadtlandschaft. Berlin gilt mit seinen großen Waldgebieten, Parkanlagen, Seen, Flüssen, Stadtbrachen und Kleingärten als »grüne Stadt«. Die Grünflächen verteilen sich mosaikartig über das gesamte Stadtgebiet und haben die für eine große Artenvielfalt notwendigen unterschiedlichsten Kleinstklimata und Lebensräume zu bieten.

Die allgemeinen klimatischen Besonderheiten der Städte, wie die gegenüber dem Umland höhere Temperatur infolge der von den Häusern abgegebenen Wärme, haben auch in Berlin dafür gesorgt, dass manche Pflanzenarten früher blühen und ihre Vegetationsperioden länger dauern als anderswo. Für die städtische Tierwelt bedeutet dies wiederum, dass Insekten, die sich von ebenjenen Pflanzenarten ernähren, länger und ausgiebiger Nahrung finden. Die Grünflächen verhindern jedoch eine Vereinheitlichung des Stadtklimas. Auf größeren Rasenflächen entstehen ständig so genannte »Frostlöcher«, und in der besonders warmen Innenstadt wirken Bäume durch die Aufnahme von Wärme und die Abgabe von Verdunstungskälte einer stehend-stickigen Überhitzung entgegen. Die Stadt produziert so mithilfe der Bäume die unterschiedlichsten Kleinstklimata, die die Luft in reinigender Bewegung hält.

Davon profitieren nicht zuletzt die Menschen: Der wichtigste Bestandteil der Atemluft der höheren Primaten, heißen sie nun Krause, Wowereit, von Schönburg oder Pau, bleibt der Stoff, der aus den Pflanzen kommt und die chemische Bezeichnung Sauerstoff trägt.

Auch wenn die Städte auf den ersten Blick als widernatürliche Reviere für wilde Tiere erscheinen, werden gerade dort immer wieder Strukturen erzeugt, die den natürlichen, ursprünglich von Tieren genutzten Räumen ähneln. Hochhäuser etwa stellen für die Bedürfnisse von Felsenbrütern wie Mauersegler, Wanderfalken oder Felsentauben all das zur Verfügung, was ihnen eine Steilwand in den Bergen auch bietet. Dass gerade diese Arten aus Berlin nicht mehr wegzudenken sind, verdankt sich dem Umstand, dass es für die Felsenbrüter offenbar kein qualitativer Unterschied ist, ob sie auf einem natürlichen Felsen oder auf einem künstlichen Haus brüten. Das Phänomen, dass scheinbar höchst unterschiedliche Lebensräume sehr ähnliche Bedingungen hervorbringen, findet sich auch bezüglich des Klimas. Gerade die Zentren der Städte ähneln mit Wärme und Trockenheit dem Klima in Steppen und Halbwüsten. Für Steppentiere eröffnet die Stadt so einen neuen Lebensraum. Die Ansiedlung der ursprünglich nur in der Sahelzone vorkommenden Haubenlerche in Mitteleuropa ist vor allem auf das warme Klima der Innenstädte zurückzuführen. Außerhalb von Städten brüten sie hierzulande nur sehr selten.

Selbst Arten, die sich weder auf die dicht und hoch stehenden Häuser einstellen können, noch eine Vorliebe für das innerstädtische Klima hegen, finden großstadttypische Lebensräume, in denen sie langfristig heimisch werden können. So siedeln die aus den Ackerlandschaften fast verschwundenen Feldlerchen seit Jahren vom Fluglärm unbeeindruckt auf dem Gelände des Tegeler Flughafens und vermögen auch dort, im Frühjahr mit ihren Fluggesängen Partner anzulocken und erfolgreich Junge großzuziehen. Heckenbraunellen, etwa spatzengroße, schlanke, grau-rostbraun gefärbte Vögel, zieht es mittlerweile selbst in die winzigsten Hinterhöfe, in denen sie ihre plaudernden, melodischen Lieder erklingen lassen wie in den Fichten- und Auwäldern, in denen sie ursprünglich zu Hause sind. Solange noch ein paar Bäume stehen, singt die Heckenbraunelle im Quartier Latin in Paris genauso wie in den Innenstädten von Brüssel oder Berlin – auf gepflasterten Grund, ohne Gebüsch, ohne Hecke. Hinzu kommt, dass in Städten neben den mehr oder weniger dauerhaft existierenden Biotopen wie Parkanlagen, Seen, Flüssen oder Altbausiedlungen ständig neue Baustellen entstehen. Die durch die Bautätigkeit aufgebrochenen Flächen bilden, wenn auch nur temporär, Reviere für die verschiedensten Tierarten. Wechsel- und Kreuzkröten etwa nutzen auf Baustellen auftretende Pfützen, um sich darin fortzupflanzen. Wenn im fortgeschrittenen Baustadium das Gelände versiegelt wird, ziehen die Tiere weiter zur nächsten frei gewordenen Stelle. Auch der Steinschmätzer, ein Vogel, der häufig in der Ruinenlandschaft des zerbombten Berlins nach dem Zweiten Weltkrieg zu sehen war, fand in Großbaustellen wie am Potsdamer Platz wieder ein Revier. Da Baustellen steinigen Tundren oder Steppen ähneln, bieten sie dem Steinschmätzer beste Bedingungen, um dort heimisch zu werden.

Die Vielzahl unterschiedlichster Lebensräume ermöglicht eine ungeahnte Vielfalt von in ihnen lebenden Arten. Eine kleine, feine Studie des Botanikers Wolfram Kunick bescheinigte 1982 der Flora der Stadt eine unerwartete Diversität. Im Zentrum Berlins fand Kunick zwischen den dicht bebauten Betonflächen 380 Pflanzenarten pro Quadratkilometer. In Gegenden mit so genannter aufgelockerter Bebauung stieg die Anzahl der Arten auf 424, am Stadtrand wurden jedoch nur 357 Arten gezählt. Mit dem Ergebnis, dass die Artenzahl im Stadtgebiet deutlich über der der Randgebiete liegen würde, hatte niemand gerechnet.

Kunicks Studie schärfte das Bewusstsein für die Artenvielfalt in den Städten. So verwunderte es nicht mehr, dass man dann tatsächlich auch eine bis dahin im Stadtgebiet nicht vermutete, vom Pflanzenreichtum angezogene Fülle von Schmetterlingen, Wespen und anderem Kleingetier wie Käfern oder Spinnen antraf. Diese wiederum brachten eine Population von heute etwa 130 in Berlin nachgewiesenen Brutvogelarten mit sich, zu denen auch in der »freien Natur« selten gewordene Arten wie Pirole, Zilpzalpe und Fitisse gehören. $\boxed{\text{CD}}$ ▸8

Städte werden, so könnte man sagen, zum Fluchtpunkt der Artenvielfalt. Das mag viele erstaunen, steht dieser Befund doch in offensichtlichem Gegensatz zu den Meldungen vom massiven Artenschwund in den Kulturlandschaften Europas, Amerikas und Asiens und zu den alarmierenden Berichten vom Niedergang der Fischbestände in den Weltmeeren, zu den stetig länger werdenden »Roten Listen«, auf denen die Naturschutzverbände die Pflanzen- und Tierarten verzeichnen, deren Fortbestand als gefährdet gilt.

Die Ansiedlung von Tier- und Pflanzenarten in den Städten empfinden wir jedoch vor allem deshalb als so überraschend, weil in den Vorstellungen der meisten Menschen die Stadt als Lebensraum, der durchaus geeignete Bedingungen für Tiere und Pflanzen liefert, (noch) gar nicht existiert. Das lässt sich zum Beispiel daran ablesen, wie etwa Schmetterlinge oder Ameisen in Tierführern dargestellt werden. Die Abbildungen zeigen sie meist in ländlichen, »natürlichen« Habitaten; Arten, die hauptsächlich in Städten heimisch geworden sind, sind oft gar nicht verzeichnet. Die Beobachtung, dass die Artenvielfalt ausgerechnet in den Städten zunimmt, scheint nur schwer mit dem gängigen Begriff von einer »ungestörten, im biologischen Gleichgewicht« befindlichen Natur in Einklang zu bringen zu sein, in der allein Pflanzen und Tiere gedeihen können.

Es ist auch nicht ganz einfach, diese Entwicklung nachzuvollziehen. Wie man mittlerweile weiß, begünstigt der Welthandel die Ausbreitung von Samen etwa von ursprünglich nur in Nordamerika beheimateten Pflanzen auf andere Erdteile. Damit werden sie potenziell überall heimisch und verdrängen angestammte Arten, die der neuen, bislang unbekannten Konkurrenz nicht gewachsen sind.

Während sich infolgedessen die Pflanzengemeinschaften auf Inseln und größeren Landmassen wie Australien, Europa oder den USA zunehmend angleichen, gilt dies für Städte jedoch nicht. Im Gegenteil, Stadtfloren bringen in höchst produktiver Weise die unterschiedlichsten Artenkombinationen hervor, die sich selbst dann, wenn Städte in ähnlichen Klimazonen liegen, wie etwa Chicago und Detroit, verschieden gestalten und keinen Regeln zu folgen scheinen. Dieses Phänomen ist bis heute nicht ganz geklärt.

Erstaunlich ist auch, dass städtische Biotope mit den vermeintlichen Störungen, die das Stadtleben mit sich bringt, gut umgehen können. Es waren zwei Neuköllner Schülerinnen, die im Jahr 2001 den Wettbewerb *Jugend forscht* in der Sektion Biologie mit einer Studie über die Reaktionen von Pflanzen auf die *Love Parade* im Tiergarten gewannen. Sie konnten, entgegen den Behauptungen der Kritiker, keine längerfristigen negativen Folgen für Boden und Pflanzen durch den während der Parade reichlich in den Park fließenden Urin feststellen. Der Boden ist offenbar sehr wohl in der Lage, mit einem kurzzeitigen »Überdüngungsschock« durch den Stickstoff im Urin fertig zu werden. Ökologen ist zwar schon länger bekannt, dass biologische Systeme mit vorübergehenden Umweltschocks, die zum Beispiel durch Feuer oder die Stickstoff-Flut im Tiergarten verursacht werden, prinzipiell umgehen können und sich relativ schnell wieder erholen, empirische Belege dafür, dass dies auch für städtische Ökosysteme gilt, sind allerdings noch rar. Mit dem Begriff der »Störung des ökologischen Gleichgewichts« sollte man jedoch vorsichtig sein, da sich gerade städtische Lebensräume nicht an solche vermeintlich allgemeine Gesetzmäßigkeiten und Idealvorstellungen von einer von Menschenhand unberührten, in sich selbst ruhenden Natur halten. Sie sind vielmehr ständigen, unvorhersagbaren Veränderungen ausgesetzt, und kurzzeitige Eingriffe können sogar die Bio-Produktion, also all das, was durch das Pflanzenwachstum und die Folgekonsumenten an Biomasse produziert wird, in einem Park befördern: Niedergetretene Pflanzen müssen sich wieder aufrichten, und das kostet natürlich Kraft. Dies führt dazu, dass der Energieverbrauch der Pflanzenzellen ansteigt. Wie auch während der Wachstumsphase ziehen die Pflanzen dabei vermehrt Stadtstickstoff aus der Luft. Der Stoffumsatz wird beschleunigt, der Sauerstoffausstoß steigt. Auch kahle Stellen können eine wachstumsfördernde Wirkung hervorbringen, wenn Samen herbeigeweht werden und dort keimen. Die erwähnte Studie der beiden Schülerinnen hat auf eindringliche Weise gezeigt, dass der aus Menschensicht formulierte Begriff der »Störung« auf Pflanzen und Tiere nicht ohne weiteres übertragbar ist. Natürlich sehen umgetretene Sträucher und von den Paradefreunden verwüstete Rasenflächen nicht schön aus, und natürlich freuen sich auch die zerstörten Pflanzen nicht über die *Love Parade*. Nur, was Menschen stört, wie der Uringestank im Park nach einer Massenveranstaltung, muss sich nicht notwendigerweise negativ auf die dortige Pflanzengesellschaft auswirken. Selbst die Vögel haben unter dem Lärm und den Menschenmengen nicht nachweisbar gelitten. Wie das Beispiel der Habichte im letzten Kapitel dieses Buches zeigt, lassen sich die hoch oben in den Bäumen des Tiergartens brütenden Vögel durch die unter ihnen vorbeiziehenden Menschen keineswegs stören. Zudem bietet die Stadt für die Tiere vielfältige Möglichkeiten, dem Tag der Tanzenden auszuweichen. Sie können in andere, von der Veranstaltung unbehelligte Stadtteile fliegen und machen davon auch Gebrauch, da die *Love Parade* nach der Aufzucht der Jungen stattfindet. Vögel leiden im Tiergarten ganzjährig eher unter streunenden Katzen und nicht angeleinten Hunden, die ihnen nachstellen und den Bodenbrütern die Nester zertreten. Doch selbst dies konnte die Artenvielfalt hier nicht nachhaltig beeinträchtigen.

Das Kommen und Gehen von Arten bleibt den Menschen suspekt, wie der in München lehrende Ökologe Josef H. Reichholf einmal bemerkte. Das wird insbesondere an der offensichtlich irritierenden Verstädterung von Pflanzen und Tieren deutlich. So werden etwa die eingangs erwähnten Störche von Naturschützern immer noch als gefährdet bezeichnet, obwohl ihre Bestandszahlen in Europa in den letzten Jahren gestiegen sind. Dieser Widerspruch erklärt sich auch aus der noch unzulänglichen Definition von Lebensräumen, mit der Naturschützer und auch Ökologen weiterhin arbeiten. Störche, so liest man in der Fachliteratur, seien auf Feuchtgebiete angewiesen. Und Feuchtgebiete, das ist richtig, werden immer seltener; sie werden fortschreitend trockengelegt und in landwirtschaftliche Nutzflächen verwandelt. Es ist sehr wahrscheinlich, dass aus diesem Grund einige Arten ihre Lebensräume verlieren und verschwinden werden. Daraus allerdings abzuleiten, dass insbesondere den Störchen der Lebensraum genommen werde und sie in ihrem Bestand gefährdet seien, wäre vorschnell geurteilt. Man sollte die Flexibilität der Tiere nicht unterschätzen. Gerade das Beispiel der Störche zeigt, dass Tiere sehr wohl in der Lage sein können, sich neue Nahrungsquellen jenseits ihrer bisher bekannten Verbreitungsgebiete zu erschließen. Ein Naturschutz und eine Ökologie, die die Verhältnisse in den Städten beschreiben wollen, sollten diesen Umständen Rechnung tragen. Statt von dem auszugehen, was sein soll, muss man erst einmal zur Kenntnis nehmen, was ist. In diesem Sinne bezeichnet Ökologie mit einer Formulierung von Niklas Luhmann die »wohnliche Einrichtung der Welt«. In der Luhmann'schen Terminologie ist die Unterscheidung von »Natur« und »Kultur« aufgehoben, für Pflanzen, Menschen und Tiere, die in einem Ökosystem in Beziehung zueinander stehen, gelten dieselben Kriterien.

Die wenigsten verbinden mit dem Begriff der Ökologie die Bedeutung des griechischen Worts *oikos*: Wohnung, Haus, Platz zum Leben. Und Städte bieten nicht nur Störchen Platz, die sich auf neue, bisher nicht genutzte Strukturen einstellen können, sie werden auch von Tieren besiedelt, die die städtischen Verhältnisse auf ähnliche Weise wie natürliche Strukturen zu nutzen wissen. Manche Arten wie Amseln, Krähen oder einige Möwen erreichen in der Stadt eine Bestandszahl, welche die jeder Population im Freiland übertrifft.

In dieser Form des biologischen Reichtums sehen nicht nur Naturschützer einen Wert, der zur Lebensqualität einer Großstadt beiträgt. Diesen Reichtum mit seinen besonderen Bedingungen muss man allerdings auch erhalten, er bewahrt sich nicht unbedingt von selbst. Dass Artenschutz in einer zweiten Stufe auch in den Städten nötig wird, mag das Beispiel der Mauersegler illustrieren: Wenn die Vögel Anfang Mai aus Südafrika in bis zu 16 000 Paaren in die Stadt kommen, suchen sie mitunter vergeblich nach den Nistplätzen des Vorjahrs, die womöglich als Folge einer Altbausanierung verschwunden sind. Die ursprünglichen Felsenbrüter sind auf hohe Nistplätze angewiesen, da sie vom Boden kaum starten können und den überwiegenden Teil ihres Lebens in der Luft verbringen. Es ist aber relativ einfach, den extrem nesttreuen Zugvögeln Wohnmöglichkeiten zu sichern. Da in Berlin die Nester gut kartiert sind, könnte etwa die Anbringung von Mauersegler-Nistkästen den Fortbestand sichern helfen.

Städte und Tiere kommen gut miteinander aus. Allerdings wird die weiter wachsende Zahl der Häuser in den Städten oft zum Problem für die Tiere. In Berlin zum Beispiel wird jedes Jahr durchschnittlich eine Freifläche in der Größe von 60 Fußballfeldern neu bebaut. Würden mehr Freiflächen so belassen, wie sie sind, und die in vielen Städten leer stehenden Wohnungen und brachliegenden Gewerbeflächen entsprechend sinnvoll genutzt, könnte man mit Sicherheit sagen, dass einer dauerhaften Existenz der Stadtbewohner, von denen im Folgenden ohne Anspruch auf Vollständigkeit die Rede sein wird, nichts mehr im Wege stünde. Im Gegenteil, Städte sind, trotz Schmutz, Lärm und Chaos, »zu einer Rettungsinsel für die Artenvielfalt« (Reichholf) geworden. Die Natur holt sich in ihnen zurück, was ihr auf dem Land genommen wurde: einen Platz zum Leben.

Die Invasion der Großen

Eine unheimliche Begegnung. Auf der Fußgängerbrücke am Potsdamer Platz, rechts und links nur Wasser, stand er in zwei Metern Entfernung und fixierte den Herrn mit dem dunklen Anzug und der Aktentasche. Was tun? Weglaufen wäre zwecklos gewesen. Er ist sowieso schneller und schwimmen kann er auch. Allerdings schien er auch gar nichts Böses im Sinn zu haben. Nach einem kurzen Moment schwang er sich im eleganten Fuchsgang mit seinem langen buschigen Schwanz an den Passanten vorbei und zog seines Weges. Trotzdem saß dem überraschten menschlichen Stadtbewohner die Angst noch in den Knochen, als der Fuchs, dem er gerade in die Augen gesehen hatte, schon vor *McDonald's* am Marlene-Dietrich-Platz nach Abfällen suchte. Von den Füchsen, die im Berliner Stadtgebiet heimisch geworden sind, geht keine reale Gefahr aus. Die Angst ist ein Relikt der Tollwut-Hysterie in den sechziger und siebziger Jahren des 20. Jahrhunderts. Ein Fuchs war damals der Inbegriff des Schreckens und schien das Bedrohungspotenzial von Pest und Cholera in sich zu vereinen. Der Fuchs in der Stadt war der Tod vor der Tür. So schnell wird man die alten Ängste offensichtlich auch wider besseres Wissen nicht los. Vielleicht wird sich die Furcht vor den Tieren allmählich legen, denn die Chance, dass einem in Berlin ein Fuchs über den Weg oder vor das Auto läuft, wird von Jahr zu Jahr größer.

Nicht nur in der Umgebung des Botanischen Gartens, des Treptower Parks und des Britzer Gartens kann man Füchse immer häufiger sogar tagsüber bei der Nahrungssuche antreffen, selbst am Potsdamer Platz gehören sie mittlerweile zum normalen Stadtbild. In der Potsdamer Straße, Ecke Kurfürstenstraße zieht regelmäßig um die Mittagszeit ein Fuchs an den Obst- und Gemüseauslagen der türkischen Geschäfte vorbei. Ruhig wie jeder Stadthund geht er zwischen den Fußgängern entlang, blickt einigen direkt ins Gesicht und verschwindet schließlich, mit oder ohne Obst, in Richtung eines Parkplatzes neben einem Getränkemarkt in der Kurfürstenstraße, um dann dort unter den Bäumen die Abfälle zu inspizieren.

In Berlin siedeln seit Jahren über die ganze Stadt verteilt Rotfüchse. Im Westteil der Stadt begünstigte der unverminte, teilweise verwilderte Mauerstreifen ihre Ausbreitung. Die patrouillierenden Grenzsoldaten sind verschwunden und keine andere menschliche Nutzung stört die Ruhe, sodass dort eine reiche und wohl einmalige Fauna und Flora entstehen konnte, die den Füchsen, besonders in der Zeit der Jungenaufzucht im Frühjahr, geeignete Bedingungen bietet. Aber auch in anderen Gegenden, wie um das Paul-Lincke- und Maybach-Ufer herum, finden sie immer ausreichend Nahrung. Vögel, Ratten, Haushaltsabfälle und die liegen gelassenen Obst- und Gemüsereste des Wochenmarktes stellen ein breites Nahrungsspektrum dar.

Da Füchse die Nähe von Menschen scheuen, war ihr Vordringen in den städtischen Lebensraum zunächst überraschend. Es begann in England während der Zeit des Zweiten Weltkriegs, als die Jäger anderes zu tun hatten, als mit Hundemeuten Füchse aufzuscheuchen, zu hetzen und zu töten. Der Fuchsbestand, der durch die unter der englischen Oberschicht so beliebten Fuchsjagden reguliert worden war, nahm nun drastisch zu, zumal es auf den britischen Inseln keine Tollwut gab – und gibt –, die Sterberate unter Füchsen also niedrig war. So wurden die Füchse nach und nach in die Städte gedrängt. Die für sie wichtigen Verstecke, in denen sie schlafend den Tag verbringen konnten, fanden sie in Autowracks, Kanalisationsrohren, leer stehenden Häusern und Kellerverliesen. Zwar sorgte der Straßenverkehr für gewisse Verluste in der Population, dafür war die Jagd als regulierender Mechanismus ein für allemal ausgeschaltet, und so wurden die englischen Füchse zu ständigen Bewohnern der Städte. England kann als Vorreiter dieser Entwicklung gelten, die inzwischen auch auf dem europäischen Festland zu beobachten ist. Dass sie hier mit zeitlicher Verzögerung stattfindet, hängt nicht zuletzt mit der Tollwut zusammen, die insbesondere in der Bundesrepublik eine nahezu hysterische Vernichtungskampagne gegen Füchse zur Folge hatte. 1976 entfielen zwei Drittel aller registrierten Tollwutfälle auf Füchse. Da die Krankheit fast immer tödlich endet, ist die Reaktion in gewisser Weise verständlich. Der Tollwut- oder Lyssa-Virus wird durch einen Biss über den Speichel infizierter, meist Fleisch fressender Säugetiere übertragen und wan-

Fuchsfähe mit einem ungewöhnlich großen Wurf vor dem Bau. Einige der Welpen üben auf spielerische Weise jagen.

dert über die Muskelzellen ins Gehirn. Beim Menschen verursacht die Krankheit im manifesten Stadium extreme Angstzustände, Muskelkrämpfe und Anfälle von Aggressivität und führt, wenn sie nicht behandelt wird, zum Tod. Übertragen wird der Erreger hierzulande außer von Füchsen auch von Dachsen. Er kann aber im Prinzip fast jedes Säugetier befallen. So wurde der letzte registrierte Tollwutfall, der bei einer Frau im Münchner Vorort Bogenhausen auftrat, durch den Biss einer Ratte herbeigeführt. Dass die Tollwut heute auch in Berlin keine Gefahr mehr darstellt, ist nicht der massenhaften Vernichtung von Füchsen zu verdanken, sondern der Einführung einer Art »Schluckimpfung«. Dabei werden die Füchse mithilfe von ausgelegten Ködern gegen die Infektion immunisiert.

Zu den unterschiedlichen Bekämpfungsmaßnahmen, die in den siebziger Jahren eingeführt wurden, zählte auch die Begasung aller bekannten Fuchsbaue in der Frühjahrszeit. Obwohl dadurch, und auch infolge der Bejagung, in bestimmten Landstrichen vorübergehend ganze Populationen vernichtet wurden, konnten weder die Tollwut ausgerottet noch der Gesamtbestand der Füchse entscheidend verringert werden. Dies hatte seine Ursache im äußerst flexiblen Sozialsystem der Füchse, das bei den Bekämpfungsmaßnahmen völlig unberücksichtigt blieb. Nimmt die Fuchsdichte ab, reagieren die verbliebenen Fähen, die weiblichen Füchse, indem sie mehr Welpen zur Welt bringen. Darüber hinaus registrieren sie bevorstehenden Nahrungsmangel sehr schnell und tragen dann nicht alle Föten aus. Schwächere Weibchen verzichten sogar ganz darauf, Nachwuchs in die Welt zu setzen, und helfen stattdessen den älteren Geschwistern bei der Aufzucht der Jungen. Die Entwicklung der Fuchspopulationen lässt sich dabei nicht mit einem Räuber-Beute-Schema, also anhand der Bestandszahlen ausgewählter Beutetiere wie Hasen, Kaninchen oder Mäuse berechnen und vorhersagen. Nimmt nämlich der Bestand eines Beutetiers ab, jagen die Füchse eben ein anderes, um ihren Hunger zu stillen – als Fast-Allesfresser haben sie immer Ausweichmöglichkeiten. Neuere Studien zeigen, dass Füchse in ihren Ernährungsgewohnheiten stets für Überraschungen sorgen können. In manchen Gegenden fressen sie hauptsächlich Regenwürmer, in anderen graben sie zu bestimmten Jahreszeiten nach Engerlingen.

Ihre Anpassungsfähigkeit zeigt sich nicht nur in den flexiblen Fressgewohnheiten. An einem Morgen im Mai konnte man in Dahlem einen Fuchs beobachten, der aus einem Bauwagen Schutzhandschuhe stibitzt hatte und mit ihnen durch den Zaun des Botanischen Gartens verschwand. Sie werden den Welpen im Bau als Polster und Kälteschutz gedient haben, obwohl es dem Fuchs im Botanischen Garten leicht gefallen wäre, stattdessen natürliches Nestmaterial herbeizuholen. In einem Bau unter der Eingangstreppe eines Kreuzberger Polizeireviers, in dem seit Jahren regelmäßig Füchse großgezogen werden, dürfte der Inhalt von Bauwagen zur ständigen Ausrüstung der Nester gehören.

In Kreuzberg haben die Füchse noch ihre ursprüngliche Nachtaktivität beibehalten. Tagsüber wäre für die Welpen das Spiel im Straßenverkehr auch zu gefährlich. Anders im Botanischen Garten: An Sommertagen kann man dort hin und wieder mehreren Jungfüchsen dabei zusehen, wie sie sich auf den Wiesen balgen. Im Gartenführer werden die Füchse mittlerweile ebenso zum festen Bestand gezählt wie das Palmenhaus. Auch im Informationsmaterial des Zoos wird auf frei lebende Füchse hingewiesen, allerdings hier im Zusammenhang mit den zu verzeichnenden Verlusten an Pinguinen, Entenküken oder Hühnern. Solche Raubzüge finden nicht nur in Berlin statt. In Basel haben Füchse über Wochen einen Flamingo nach dem anderen aus dem Zoo gestohlen und gefressen.

Natürlich ist es immer noch überraschend, an Sommertagen im Botanischen Garten balgenden Fuchswelpen zu begegnen. Wenn der Wind ungünstig steht und sie daher keine Gefahr wittern können, verschwinden sie mitunter erst dann im Unterholz, wenn man schon direkt vor ihnen steht. Dass der Botanische Garten ausdrücklich auf die Gesundheit der dortigen Füchse hinweist, zeigt, dass man bei den Besuchern immer noch mit dem Vorurteil der Tollwutgefahr rechnet. Eine Gefahr für Menschen geht allerdings vom Fuchsbandwurm aus. Die vom Fuchs ausgeschiedenen Wurmeier können sich auf Himbeeren und Walderdbeeren festsetzen. Durch den Verzehr von ungewaschenen Früchten gelangen sie in den menschlichen Körper, wo sie schlüpfen, sich in der Leber einnisten und, erfolgt keine Behandlung, nach mehreren Jahren zum Tod führen. In Gebieten, in denen Füchse vorkommen, sollten bodennah wachsende Früchte vor dem Verzehr deshalb unbedingt abgekocht werden.

Für die Füchse selbst ist die durch Milben hervorgerufene Fuchsräude gefährlich. In der Lentzer Allee in Berlin-Wilmersdorf hatte eine Fuchsfamilie alljährlich während der Sommermonate die Anwohner durch ihr Spiel erfreut. Die Zuneigung der Anwohner ging so weit, dass sie dem Pförtner des dort ansässigen Max-Planck-Instituts, in dessen Garten sich die Füchse mit Vorliebe aufhielten, Küchenabfälle für die Tiere vorbeibrachten. Als irgendwann nur noch ein einziger Fuchs auftauchte, geschwächt und mit räudigem Fell, der dann schließlich auch starb, war die Trauer groß. Die Fuchsräude hatte die Dynastie ausgelöscht.

Es besteht aber die begründete Hoffnung, dass sich in der Gegend bald wieder eine Fuchsfamilie niederlassen wird. Füchse durchstreifen zwar nachts die gesamte Stadt, als Wohnorte für ihre Familien bevorzugen sie jedoch die besseren Viertel mit großen Gärten, dichten Hecken und Schuppen. So erstaunt es nicht, dass der englische Fuchsforscher Stephen Harris in Bristol eine bemerkenswerte Korrelation entdeckte: Füchse sind dort besonders häufig, wo der Anteil konservativer Wähler besonders groß ist.

Mit zerstörtem Fell aufgefundene Füchse sollte man nur mit Gummihandschuhen berühren. Im Allgemeinen aber müssen die in Berlin ansässigen Füchse kein Anlass zum Ärger oder zur Beunruhigung sein. In mancher Hinsicht sind sie sogar nützlich. Als Aasfresser kümmern sie sich zum Beispiel um die Beseitigung verendeter

Stadttauben. Darüber hinaus zeigt das Beispiel britischer Städte wie Birmingham, dass Füchse mit der Zeit in der Stadt sogar zahm werden können. Ein Kioskbesitzer wird dort jeden Morgen, wenn er seinen Laden öffnet, von einem anhänglichen Fuchs durch Bellen begrüßt. Der Fuchs nimmt das trockene Brot oder die Äpfel, die der Mann stets für ihn mitbringt, in Empfang und bleibt dann noch ein Weilchen, um den ersten Kunden beim Zeitungskauf zuzusehen.

»Aus aktuellem Anlass … bitte nicht füttern!«, warnt die Senatsverwaltung für Stadtentwicklung von Berlin auf ihrer Internet-Seite – und meint damit nicht die Füchse. Es geht um Wildschweine. Diese dringen weit tatkräftiger in den Stadtraum ein, als es die verhältnismäßig kleinen, rotbraunen Füchse tun. Die Spuren, die sie in den Städten hinterlassen, sorgen immer wieder für Aufsehen. Im Frühherbst 2003 ging die Meldung durch die Presse, die Spieler von *Hertha BSC* hätten einige Tage ihr angestammtes Trainingsgelände nicht benutzen können, weil es von Wildschweinen verwüstet worden sei. Zwar fiel dieses Ereignis mit der sportlichen Krise des Vereins zusammen, doch wurde die historische Koinzidenz als zufällig erachtet, und eine Schuldzuweisung an die Schweine unterblieb. Im Mai desselben Jahres rückten zwei Wildschweine sogar in das Zentrum von Berlin vor. Sie tauchten plötzlich am Alexanderplatz auf – wie sie den Weg dorthin fanden, ist nicht genau geklärt. Wahrscheinlich ist aber, dass sie einfach den Bahngleisen gefolgt waren. Beobachtungen aus anderen Städten stützen diese Vermutung. Ein von *CNN* ausgestrahlter Videomitschnitt ging um die Welt: Er zeigt, wie eine Hirschkuh über die U-Bahn-Gleise ihren Weg in die Innenstadt von Washington D.C. findet.

Die Wildschweine am Alexanderplatz wurden erst auffällig, als sich der Verkehr auf der Alexanderstraße ihretwegen staute. Dann drangen sie in das Grundstück einer Kindertagesstätte ein, wo sie selbst von der alarmierten Polizei nicht gestoppt werden konnten. Nachdem die Kinder vor den Schweinen in Sicherheit gebracht worden waren, musste ein Förster den Fall übernehmen und die beiden

Tiere erschießen. Das war ebenso grausam wie notwendig, denn die Tiere waren allein schon durch ihre Größe und Unberechenbarkeit eine Gefahr für Passanten und Straßenverkehr. Dazu kommt, dass Wildschweine immer wieder an Orte zurückkehren, die sie einmal ausfindig gemacht und an denen sie Nahrung gefunden haben. Wildschweine müssen, tauchen sie in der Stadt auf, erschossen werden. Daran führt kein Weg vorbei, und das unterscheidet sie auch von den anderen tierischen Zuwanderern.

In dieser letztlich erforderlichen Drastik liegt aber auch Konfliktstoff. Als im beschaulichen Stadtteil Schmargendorf – wir sind immer noch im Jahr 2003 – die Förster der Stadtverwaltung ihres Amtes walten wollten und auch auf niedliche Frischlinge anlegten, kam es zu tumultartigen Szenen. »Als die kleinen Schweinchen zutraulich auf die Jäger zutrappelten, drückten die den Abzug ihrer Gewehre. Insgesamt fielen den Behördenbüchsen zwölf Schweine zum Opfer. Die Anwohner sprechen von einem ›Gemetzel‹«, schrieb eine Zeitung. Jägern werden im Zuge solcher Auseinandersetzungen schon mal die Autoreifen aufgeschnitten oder sie werden – ganz handfest – verprügelt. Die Fronten verlaufen dabei nicht nur zwischen Jägern und Tierschützern. Landwirte beschuldigen die zuständigen Behörden, tatenlos zuzuschauen, wie die Wildschweine ihre Felder und Äcker verwüsten. Hobbygärtner beschimpfen ihre Nachbarn, weil diese die Tiere füttern und sie so in die Nähe ihrer liebevoll bestellten Blumenarrangements locken.

Das große Wachstum des Wildschweinbestandes lässt sich in Deutschland an den registrierten Abschüssen der Jäger ablesen. Wurden hierzulande im Jahr 1910 noch 14 500 Tiere erlegt, so waren es 1983 schon 170 000 und im Jahr 2001 sogar 532 000. Die Zunahme des Bestands hat verschiedene Gründe. Der eine liegt in der stetigen Ausweitung der landwirtschaftlich genutzten Agrarflächen und der immensen Steigerung der landwirtschaftlichen Produktion. Hiervon profitieren die Wildschweine direkt wie indirekt, denn zum einen verspeisen sie selbst gern Feldfrüchte, aber auch

Kräuter, Gräser, Beeren und Wurzeln, zum anderen fressen sie auch Tiere, die wiederum Nutznießer des gesteigerten Nahrungsangebots sind: Krebse, Fische, Schlangen, Frösche, Echsen, junge Hasen, Rehe, Aas und Abfälle stehen auf dem Speiseplan der Allesfresser.
Für die Wildschweine haben die Begleiterscheinungen moderner menschlicher Zivilisation den Grundstein für eine beispiellose Erfolgsgeschichte gelegt. Sie profitieren selbst noch von den Folgen der Überdüngung der Landschaften durch Auto- und Industrieabgase, denn gut gedüngte Pflanzen wachsen schneller als Pflanzen auf nährstoffarmen Böden, und ihre Vegetationszeit währt länger. Ein weiterer Grund für das rasante Anwachsen der Population ist in den infolge der allgemeinen Erderwärmung immer milderen Wintern zu sehen, die die natürlichen Verluste unter den Wildschweinen weiter verringern.
Die ursprünglichen Lebensräume der Tiere können diesen Bevölkerungszuwachs jedoch nicht mehr auffangen, und so sind die Tiere gezwungen, sich neue Plätze zu suchen – zum Beispiel in

Wildschweinbache mit Frischlingen im Gespräch.

den Städten. Kurioserweise sind ausgerechnet auch die Jäger für das Wachsen des Wildschweinbestandes verantwortlich. Der große Wildschweinforscher Heinz Meynhardt, der jahrelang das Leben von Wildschweinfamilien aus nächster Nähe studierte, entdeckte, dass sich Wildschweine eigentlich in langlebigen, matriarchalischen Familienverbänden zusammenfinden. In diesen Rotten gibt es immer eine Leitbache, die die Geburten innerhalb der Großfamilie reguliert. Über chemische Signale stimuliert oder hemmt sie während der fruchtbaren Phase die Fortpflanzungsbereitschaft der jüngeren Bachen. Dadurch wird normalerweise verhindert, dass die jüngsten Weibchen selbst schon Ferkel zur Welt bringen. Die Jäger bringen dieses Altersgefüge durcheinander, da sie mit Vorliebe die größten, kräftigsten und am leichtesten zu treffenden Schweine einer Rotte erschießen statt der kleinen, neugeborenen Frischlinge oder der jüngeren Weibchen, die noch nicht trächtig waren. Das natürliche Verhütungssystem der Tiere wird außer Kraft gesetzt, und die jüngeren Bachen werfen früher. So kommen die gegenwärtig immens hohen Zuwachsraten zustande, die zwischen 60 und 200 Prozent des jeweiligen Frühjahrsbestandes liegen. Selbst Naturschützer fordern daher von den Jägern, nicht mehr die starken Tiere im besten Alter zu erlegen, sondern die Frischlinge, die nachwachsenden »Überläufer«, wie die noch nicht erwachsenen Wildschweine in der Jägersprache genannt werden, oder die mittleren Bachen der jeweiligen Rotte. Die Jäger von Schmargendorf haben also vom biologischen Standpunkt aus das Richtige getan, als sie die kleinen Schweinchen erschossen.

Die Bejagung führt bei den Wildschweinen noch zu einer anderen Verhaltensänderung, und deren Folgen waren im Frühjahr 2002 auf der Pfaueninsel nicht zu übersehen. Auf einem Spazierweg am Wasser bot sich landeinwärts der Anblick eines umgepflügten, verwüsteten Gladiolenbeets. Es sah aus, als wäre ein Ufo mit defekter Landemechanik eingeschlagen. Auf der Insel waren zwar massenhaft Kormorane zu sehen, die ihre Flügel fächerten und in der

Sonne trockneten, aber weit und breit keine Wildschweine. Ein zufällig anwesender Förster lieferte die Erklärung: Nachts, so sagte er, schwimmen die Schweine aus dem Grunewald auf die Insel und suchen dort nach Nahrung. Wenn sie einmal herausgefunden haben, wo sie nicht gejagt werden, merken sie sich diese Plätze und kommen immer wieder. Sie werden standorttreu und folgen den stets gleichen Pfaden.

Die nächtliche Lebensweise der Tiere ist eine direkte Folge ihrer Bejagung in den Berliner Stadtforsten. Wildschweine sind von Natur aus Tagtiere, die vor den menschlichen Verfolgern in die Sicherheit der Nacht ausgewichen sind. Ihre Nachtaktivität erschwert die Jagd – und wer würde eine Rotte Wildschweine auf der Pfaueninsel oder dem Trainingsgelände von *Hertha BSC* vermuten, die dort mitten in der Nacht ungestört die Erde durchfurcht, auf der Suche nach Wurzeln, Knollen und allem möglichen Kleingetier?

Wenn die Nahrung in den Außenbezirken knapp wird, weichen die pragmatischen Tiere auch in die Innenstadt aus. So geschah es im Winter 2002/2003, als die Eicheln und Kastanien in den Berliner Wäldern zur Neige gingen und immer mehr Hunger leidende Wildschweine direkt ins Stadtgebiet zogen. In der Umgebung von Restaurants oder Imbissbuden fanden sie nicht nur Abfälle, sie wurden auch mit Essensresten gefüttert. So kamen sie gemästet über den Winter und hatten zudem die Stadt als Nahrungsquelle schätzen gelernt. Die Berliner Forstverwaltung sieht darin einen der Gründe, warum es im Jahr 2003 in Berlin nicht nur zu einer massiven Bestandserhöhung kam – etwa 4000 Tiere leben mittlerweile im Stadtgebiet –, sondern auch zu gehäuften Konfrontationen von Wildschweinen und Menschen in der Innenstadt.

Wildschweine bewegen sich in Städten als herrenlose Tiere, die niemandem gehören, und damit in einem rechtsfreien Raum. Wohngebiete gelten nach deutschem Jagdrecht als »befriedete Bezirke«, in denen – verständlicherweise – nur in Ausnahmefällen gejagt werden darf und, im Unterschied zu land-, forst- oder fischwirtschaftlich genutzten Flächen, niemand für die Regulierung der Tiere verantwortlich ist. Das macht die Stadt für Wildschweine natürlich attraktiv. Der Berliner Senat indes versucht, den Zuzug der Tiere durch ein rigides Futterverbot einzudämmen, und stellt das Füttern unter Strafe. Bis zu 5000 Euro kann es kosten, Wildschweinen in Berlin etwas zu fressen zu geben.

Ob dieses Verbot hilft, ist mehr als ungewiss. In Parks wie der Stolper Heide oder am Elchdamm in Heiligensee, wo relativ viele Wildschweine leben, sind sie nämlich mittlerweile von der Bevölkerung voll akzeptiert. Sie sind dort sogar wieder zu ihrer ursprünglichen Lebensweise zurückgekehrt und führen ab April, spätestens Mai, ihre Frischlinge am hellichten Tag spazieren. Es ist kaum vorstellbar, dass sich nicht der eine oder andere Spaziergänger von dem tiefen eindringlichen Kontaktgrunzen der Jungen erweichen und einen Happen fallen lässt. In der Stolper Heide laufen sogar die Hunde frei zwischen den Wildschweinen umher, ohne dass deren Besitzer Anzeichen von Besorgnis erkennen ließen. Das kann für die Hunde allerdings böse enden, denn mögen die Wildschweine noch so niedlich, zutraulich und freundlich erscheinen – Wildtiere bleiben sie auch in der Stadt allemal. Wenn es um ihre Jungen geht, können die Bachen plötzlich sehr wehrhaft werden. Mit ihren rechts und links aus dem Maul ragenden spitzen Eckzähnen sind sie nicht nur in der Lage, einen Hund aufzuschlitzen, sondern auch Menschen erhebliche Verletzungen zuzufügen. Da sollte man besser Abstand halten und von ferne zusehen, wie Bache und Frischlinge, den langen Schädel nach vorn gebeugt, durch das Gras ziehen und Schnecken knacken oder Papierkörbe sortieren.

Manchmal unterbrechen die rotbraun-weiß gestreiften Frischlinge von einem Moment auf den anderen ihre selbständige Futtersuche auf dem Parkgrün, springen, rasen oder stolpern – so genau lässt sich das nicht bezeichnen – auf ihre Muttersau zu und umkreisen sie so lange, bis sie sich hinwirft. Dann fallen die Jungen über die Zitzen her und saugen eine kurze Zeit, meist nicht länger als zwei

Minuten, um danach wieder genauso sprunghaft auseinander zu rennen. Oft wirken sie nach solchen kleinen Trinkgelagen besonders aufgekratzt, beißen sich gegenseitig in den Schwanz und springen sich an, bis eines von ihnen umfällt. Hat sich das zu Fall gebrachte Ferkel wieder berappelt, schüttelt es sich, quiekt und sucht anschließend meist nach einer grasfreien Stelle am Boden, um sich zu suhlen. Schweine sind ausgesprochen reinlich und »baden« mindestens einmal täglich in Schlamm oder Staub. Weil sie wegen ihres kurzen Halses nicht wie Füchse oder Hirsche in der Lage sind, sich den Körper selbst abzulecken und zu putzen, helfen sie sich gegenseitig. Die wechselweise Fellpflege ist bei Schweinen sowohl Motor als auch Ausdruck ihrer sozialen Intelligenz. Wildschweine sind ebenso wie Hausschweine nicht nur herausragend intelligent, was ihre örtlichen Orientierungsleistungen angeht, sie beherrschen auch innerhalb der Rotte – sei es beim Spiel oder bei der Nahrungssuche – alle Finessen des sozialen Miteinanders. Bedenkt man dies angesichts der Frischlinge im Frühjahr, hofft man dann doch, die Jäger mögen fernbleiben und es hinnehmen, dass der Park an manchen Stellen zu einem Acker wird. Die Verlautbarungen der Berliner Forste geben Anlass zu einer gewissen Beruhigung. Eine Jagd nämlich, wie sie im Brandenburger Umland betrieben wird, können und wollen die staatlichen Jäger in Berlin nicht etablieren.

Jagdrecht ist Ländersache, und dass es sich in den beiden Bundesländern unterschiedlich gestaltet, zeigt auch der Umgang mit einem anderen Tier. Während seit 1997 in Brandenburg jeder Jäger die Pflicht hat, Waschbären zu erschießen, sobald er sie vor die Flinte bekommt, lässt man sie in Berlin in Ruhe. Man könnte ihrer zwar habhaft werden, wenn man ihre Schlafbäume fällen würde, es gibt aber keinen Grund, dies zu tun. Die ursprünglich aus Nordamerika stammenden Kleinbären regulieren sich im Wald selbst und schaden nicht.

Die Schlafbäume der Waschbären, die man bislang in Berlin entdecken konnte, befinden sich allesamt im Grunewald. Tagsüber liegen die Kleinbären etwas unterhalb der Kronen an Astgabelungen zu zweit und manchmal zu dritt eng aneinander geschmiegt oder auch in- und umeinander verknäult und schlafen. Wer sie dabei beobachten möchte, sollte es allerdings vorziehen, den Tierpark in Friedrichsfelde zu besuchen. Der blattlose Baumstamm im Waschbärengehege garantiert eine freie Sicht auf die Tiere. Die wilden Waschbären im Grunewald ausfindig zu machen, ist schon deshalb schwierig, weil sie ihre Schlafbäume meist so auswählen, dass sie von unten nur schwer einsehbar sind.

Waschbären sind hierzulande innerhalb kurzer Zeit zu einem festen Bestandteil der Tierwelt geworden. Die in Deutschland lebenden Tiere gehen im Wesentlichen auf zwei Gründungspopulationen zurück. 1938 hatte man am Edersee in der Nähe von Kassel bewusst einige Tiere ausgesetzt, um sie dort anzusiedeln. Ihrer zunächst ländlichen Ausbreitung über den ganzen Süden Deutschlands folgte seit Anfang der sechziger Jahre eine zunehmende Verstädterung. Seit dieser Zeit gab es immer wieder Berichte über Waschbären, die im Kassler Stadtgebiet gesichtet wurden. Die für deutsche Verhältnisse relativ frühe Besiedlung der hessischen Stadt durch die Kleinbären dürfte mit der räumlichen Nähe zum Edersee zusammenhängen.

Nach Berlin zieht es Waschbären erst seit den achtziger Jahren. Sie allerdings stammen nicht vom Edersee. In den Wirren der letzten Kriegstage im Jahr 1945 sind in Strausberg einige Tiere aus einer Pelztierfarm entkommen. Von dort breiteten sie sich in östlicher Richtung bis in die Ukraine aus, mieden aber Städte. Durch ihre nächtliche Lebensweise und ihre Cleverness entzogen sie sich lange Zeit der menschlichen Wahrnehmung. Da ihre Bestände aber stetig anwuchsen, fielen sie immer häufiger auf, und damit nahmen auch die Klagen zu: Waschbären gehörten nicht zur heimischen Fauna, brächten alles durcheinander und raubten ursprünglich hier beheimateten Tieren ihren Lebensraum. Man unterstellte ihnen alle möglichen Untaten. So wurden sie für den Rückgang von Hasen in

32

kultivierten Feldlandschaften sowie für das Verschwinden von Singvögeln verantwortlich gemacht, weil sie angeblich deren Jungtiere fräßen. Wissenschaftliche Belege ließen sich aber weder für die Verdrängung einheimischer Arten noch für eine Beteiligung bei der Vernichtung von Hasen oder Vögeln finden. An der Praxis der Jäger – wie in Brandenburg – änderte das natürlich nichts, und vielleicht zogen die Waschbären deshalb irgendwann in die Städte.

Überraschend war diese Ansiedlung indes nicht. In Nordamerika, wo ihr ursprüngliches Verbreitungsgebiet liegt, hatten sie schon früh bemerkt, dass sich aus den Mülltonnen in den Vorstädten,

Waschbären im Baum und am Boden. Die beiden Bären im Hintergrund hängen in der Position im Baum, in der man sie tagsüber schlafend finden kann.

deren Deckel sie ohne Schwierigkeiten öffnen, sicherer Nahrung fischen lässt als aus unberechenbaren Flüssen.

Bevor sie menschliche Kulturräume besiedelten, lebten Waschbären mit Vorliebe in der Nähe von Teichen, Flüssen oder Seen. Bei der nächtlichen Nahrungsbeschaffung helfen ihnen ihre Augen wenig. Sie sind keineswegs an die Dunkelheit angepasst, sodass die Waschbären sich auf andere Art und Weise ein Bild von ihrer potenziellen Nahrung machen müssen. Sie gebrauchen dazu ihre Hände, die denen der Menschen vergleichbar sind. Wie sonst nur Primaten verfügen sie über eine unbehaarte Tasthaut an der Innenseite ihrer langen, feingliedrigen Finger. Ihre Hände sind sozusagen – und das unterscheidet sie wiederum von Menschen und anderen Primaten – ihr zentrales Sensorium, mit dem sie sich den Gegenständen in ihrer Umwelt nähern. Mit den Händen erfahren sie ihre Umgebung. Im Wasser tastend greifen sie alles, was sich unter Steinen oder im Sand irgendwie lockern lässt, und führen es zur Nase. Essbares wird über den Geruch von Ungenießbarem unterschieden. Bei der Nahrungssuche wirken Waschbären äußerst bedächtig, nichts wird gierig verschlungen. Ihrer Angewohnheit, alle Gegenstände längere Zeit im Wasser zu wenden und zwischen den Händen zu drehen, haben sie ihren Namen zu verdanken – eine irreführende Bezeichnung, denn sie waschen nicht, was sie in den Händen halten, sie tasten es nur von allen Seiten so lange ab, bis sie sich ein Bild davon gemacht haben. Auch im Trockenen gefundene Nahrung behandeln sie so. Nimmt man ihnen – wie in manchen Pelztierfarmen – durch schlechte Haltungsbedingungen die Möglichkeit, Dinge in ihrer Umgebung zu erkunden, reiben sie die leeren Hände aneinander. Das Tasten ist ihr Programm, und mit unbekannten Gegenständen werden sie auf diese Weise schnell vertraut.

Ihre im eigentlichen Sinn des Wortes manipulatorischen Fähigkeiten sind mittlerweile selbst in der Wissenschaft legendär. Eine Zeit lang waren sie begehrte Versuchstiere für Experimente zur so genannten Händigkeit, zur Frage also, ob Tiere ebenso wie Menschen eine Präferenz für eine bestimmte Hand entwickeln. Wie an der *Freien Universität Berlin* durchgeführte Versuche gezeigt haben, kann man Waschbären an die kompliziertesten Apparaturen gewöhnen. Ohne Zwang und Protest steckten die Tiere ihre Hände durch ein mit zwei Löchern versehenes Holzbrett und griffen nach den ihnen dahinter angebotenen Gegenständen. Sie setzten dabei, wie Menschen es auch tun würden, eine Hand bevorzugt ein, nur das Verhältnis von Links- zu Rechtshändern war bei ihnen ausgeglichener, als es bei Menschen der Fall ist.

Deutlich wurde bei den Versuchen aber nicht nur die Links- oder Rechtshändigkeit der Tiere, es war auch nicht zu übersehen, dass sie sich ungern einsperren ließen. Irgendeine Möglichkeit, ihrem Käfig zu entkommen, fanden sie fast immer. Wer gesehen hat, was die Ausbruchsspezialisten dann im Institut anrichteten, ist hinreichend davor gefeit, den possierlichen Bärchen Unterschlupf gewähren zu wollen, sollten sie nachts am Fenster klopfen. Vor menschlichen Behausungen haben sie nämlich keine Angst, im Gegenteil. Wohngebiete bieten ihnen über die Nahrung hinaus einen ausgezeichneten Lebensraum mit weitaus häufigeren und besser geschützten Ruhe- und Schlafplätzen als in den wetterabhängigen Wäldern. Das zeigt auch ein Vergleich der Reviergrößen in Waldgebieten und Städten: Während sich im Wald ein bis zwei Bären 100 Hektar teilen, leben in Städten 50 bis 150 Tiere auf derselben Fläche. Und wenn sie die geeignetsten Dachböden, Schuppen oder Keller von Häusern ausfindig gemacht haben, können die Manipulationsmeister wahre Verwüstungen anrichten. Dem kann man vorbeugen, indem man einfach Fenster und Türen fest verschließt und die Waschbären vor allem nicht füttert. Die größere Dichte, in der sie in der Stadt leben, hat offensichtlich auch ihre innerartliche Verständigung verbessert, und so fanden sich in Toronto vor einem Haus, vor dem zunächst nur ein Waschbär allabendlich von der Bewohnerin Milch bekam, innerhalb kürzester Zeit 30 Tiere ein. Im nordhessischen Jesberg wurden in einem einzigen Haus im Laufe eines

Jahres 43 Waschbären gefangen. Die Tiere teilen sich offenbar gegenseitig mit, wann und wo es etwas zu holen gibt.

Trotz ihrer Wildheit sind Waschbären gegenüber Menschen immer freundlich. Selbst dann, wenn sie mit Laubsaugern aus Wohnhäusern geholt werden, wie es in München und Kassel geschehen ist. Dort hatten sich an die 40 Kleinbären auf Dachböden versammelt und einen ohrenbetäubenden Lärm veranstaltet. Die Männer von der Stadtreinigung rückten an, rollten die breiten Schläuche aus, die sonst der Laubentsorgung dienen, saugten die Tiere auf ihre Fahrzeuge, transportierten sie ab und setzten sie in angemessener Entfernung wieder aus. Die entsprechenden Fernsehbilder zeigten die Waschbären zwar während dieser Prozedur etwas verdutzt in die Welt blickend, die Tiere wehrten sich aber nicht und blieben ohne jede Aggression gegen die Bärenfänger.

Junge Waschbären sind sofort zutraulich und genießen den wärmenden Körperkontakt mit Menschen. Deshalb passiert es auch in Berlin immer wieder, dass Kinder, die im Garten oder Schuppen kleine Waschbären finden, diese mit ins Haus nehmen und mit der Flasche großziehen können. Das hat erstaunlicherweise für die Bären später keine Verhaltensstörungen zur Folge, die bekanntlich bei anderen Tieren auftreten können. Waschbären kann man, wenn sie groß und im Haus zum Problem geworden sind, wieder aussetzen, offenbar ohne jede Beeinträchtigung für die Tiere, was sich zum Beispiel an ihrer ungestörten Paarungsfähigkeit zeigt.

Das gilt für andere wilde Großstadtbewohner nicht. Steinmarder zum Beispiel, die es schon länger als die bislang erwähnten Säugetiere in die Zentren die Städte zieht, sind später praktisch lebensuntüchtig, wenn sie von Menschenhand aufgezogen worden sind. Ihnen fehlen Fertigkeiten, die sie normalerweise im Spiel mit Artgenossen erlernen. Isoliert von anderen Mardern aufgewachsenen Tieren gelingt es nicht, sich fortzupflanzen; sie kommen über Kopulationsversuche nicht hinaus. Auch in der ökologischen Nutzung ihrer städtischen Umwelt sind sie eingeschränkt. Ihnen fehlt die

Einweisung in Jagdtechniken durch ältere, erfahrene Tiere, sodass sie meist an Hunger oder Infektionen sterben oder von Füchsen gefressen werden. Wer junge Marder auf dem Dachboden seines Hauses findet, sollte sie, selbst wenn er sie bereits angefasst hat, wieder zurücklegen. Wenn die Mutter den fremden Geruch an ihrem Nachwuchs wahrgenommen hat, wird sie sofort ein neues Nest suchen und die Jungen umquartieren – sehr wahrscheinlich auf einen anderen Dachboden.

Aber auch Motorräume von Autos werden von Mardern gerne als Rast-, Schlaf- und Spielplätze genutzt. Meistens hinterlassen sie dabei keine Spuren und bleiben unbemerkt. Mitunter ist nach ihrem Besuch allerdings doch das eine oder andere Kabel zerbissen, und der Wagen springt nicht mehr an.

Junge Marder sind innerhalb ihres Wurfes vom Spielen geradezu besessen. Sie verbringen ihren Tag in der Hauptsache damit, sich zu verfolgen, zu balgen oder spielerisch zu beißen, ohne sich dabei Schmerzen zuzufügen. Sie spielen aber auch mit Gegenständen, und ein locker vom Kühler herabhängendes Kabel ist für sie genauso attraktiv wie ein Ball oder eine Nuss, die sie über den Boden rol-

Steinmarder am Fenster

len und verfolgen können. Es scheint fast so, als müssten die Marder während der Kinderspielzeit in Gemeinschaft all das lernen, was sie später benötigen, wenn sie einzelgängerisch in ihren Territorien leben.

Das führt zum zweiten Grund ihrer Beißfreudigkeit. Besonders im Frühjahr während der Paarungszeit verursacht schon der Geruch anderer Marder bei den Männchen aggressive Ausbrüche, die sie, wenn kein Rivale in greifbarer Nähe ist, auf andere Gegenstände »umlenken«. Wer in dieser Zeit sein Auto vom Revier eines Mardermännchens in das Revier eines anderen Männchens umparkt, hat häufig hinterher einen Motorschaden. Vom Geruch des Rivalen angestachelt, beißen die Männchen auf alles ein, was nachgibt und sich zerreißen lässt. Nach der erfolgten Paarung werden sie dann wieder ruhiger, und die von Mardern angerichteten Kabelbrüche nehmen rapide ab.

Dass sie in Städten so gern in Autos ruhen, ist nicht ohne eine gewisse tragische Ironie. Denn von Autos überfahren zu werden, ist für Marder in der Stadt die häufigste Todesursache. In der Waldstraße in Berlin-Moabit war eines Sommers über Wochen jeden Abend ein Marder zu sehen. Manchmal hetzte er halsbrecherisch Eichhörnchen durch die Äste, manchmal überfiel er schlafende Tauben im Baum, von denen dann am nächsten Tag nur noch die Federreste zwischen den parkenden Autos im Rinnstein übrig waren – bis der Marder eines Tages selbst dort lag, überfahren, mit herausquellendem Gedärm.

Trotz dieser Verluste gehen Schätzungen davon aus, dass in der Innenstadt Berlins alle potenziellen Marderreviere auch besetzt sind. Zwar existieren, wie bei Waschbären und Füchsen auch, keine genauen Angaben, wie viele Steinmarder in der Stadt leben – die Bestandszahlen werden anhand der gefangenen und überfahrenen Tiere hochgerechnet –, doch lässt sich aus diesen Berechnungen immerhin ersehen, dass Marder überall in der Stadt anzutreffen sind, wo ihnen Unterschlupf und Nahrung zur Verfügung stehen.

Marder gehören zur Stadt und werden aus ihr nicht mehr vertrieben werden können.

Das trifft auch auf ein anderes Tier zu, das wie der Marder heißt und wie ein Waschbär aussieht. Der Marderhund ist aber weder Bär noch Marder. Er gehört zu den Caniden, den Hundeartigen. Innerhalb dieser Familie, zu der Füchse, Wölfe, alle Haushundformen, Schakale, Kojoten, Rothunde und amerikanische Graufüchse zählen, wird er als einer der ursprünglichsten Vertreter betrachtet. Marderhunde, so wird vermutet, haben sich auf dem nordamerikanischen Kontinent entwickelt und sind von dort aus während der Eiszeiten über Landbrücken in Asien eingewandert.

Ihre Ausbreitungsgeschichte ähnelt in manchen Aspekten der der Waschbären, sie weist aber auch erhebliche Unterschiede auf. So ist

Marderhunde im Gras, noch weit entfernt von den städtischen Lebensräumen. Der Hintere zeigt die waschbärähnliche Gesichtsmaske.

39

der Marderhund oder Enok, wie er auch genannt wird, anders als der Waschbär, in Nordamerika heute ausgestorben. Die Eroberung neuer Lebensräume in Europa vollzieht sich aber ähnlich wie bei den kleinen Bären, mit denen er wegen seiner Gesichtsmaskierung leicht verwechselt wird. Der früher für den Marderhund gebräuchliche Name »Ussurischer Waschbär« verdeutlicht die äußerliche Nähe der beiden Arten. Taucht der Marderhund erstmalig in Gebieten auf, in denen er vorher unbekannt war, werden die Sichtungen von Meldungen begleitet, wie sie früher auch bei Waschbären üblich waren. So konnte man im Jahr 2003 in einer Berliner Zeitung lesen, dass der Marderhund »auch schon auf der Pfaueninsel gewütet« haben soll. Die verstreuten Federn und Restgebeine gerissener Pfauen führten zu dem schnellen Schluss, dass hier ein blutrünstiger Marderhund am Werk war. Das ist jedoch reine Spekulation, die sich einzig auf die Tatsache stützt, dass Marderhunde unter anderem Geflügel fressen, und die zu beabsichtigen scheint, dass bei der Bevölkerung ein Bedrohungsgefühl erzeugt wird. Zu den Verhaltensgewohnheiten der Marderhunde kann aber tatsächlich kaum jemand etwas sagen, denn durch ihre nächtliche Lebensweise entziehen sie sich den Blicken der Stadtbewohner.

Woher aber kommt die Panik vor der Ausbreitung des Marderhundes, die fast jeden Fernsehbericht über sein Vordringen in den Westen Europas wie eine Beschwörung des Unterganges des Abendlandes daherkommen lässt? Die Argumente sind dieselben wie im Fall der Waschbären, und sie werden von den gleichen Gruppen vorgetragen. Ein bisher unbekanntes Tier dringt in die Lebensräume von Jägern und so genannten Naturschützern ein und lässt sie panikartig um den Bestand der Tiere fürchten, die sie kennen und zu schützen vorgeben. Auch Jäger bezeichnen sich ja gern als Naturschützer, ohne den Widerspruch zu bedenken, dass sie gleichzeitig, wie der Philosoph Hans Blumenberg bemerkt hat, eine der präzisesten Mordwaffen auf dem Rücken tragen. Gegenüber den Marderhunden führt diese doppelbödige Moral dazu, dass viele Jäger und ihre

Standesvertreter ohne Skrupel die Ausrottung des Marderhundes befürworten und durch schonzeitlose Jagd das ganze Jahr über auch zu betreiben versuchen. Aufzuhalten ist die Ausbreitung des Enoks aber dennoch nicht mehr, und dort, wo er sich etabliert hat, wird man mit ihm leben müssen.

Die europäische Verbreitungsgeschichte des Marderhundes ist keine Geschichte der Bedrohung anderer Arten. Sie ist vielmehr ein Beleg dafür, dass biologisches Geschehen nicht auf ein nahes Ende zusteuert und dass Tiere – Lebewesen ganz allgemein – auf veränderte Lebensbedingungen reagieren und sich ihnen auch anpassen können. Es reicht nicht, einen Rückgang der Artenvielfalt festzustellen, um dann laute Klagegesänge anzustimmen – man muss auch die andere Seite dieser Entwicklung im Auge behalten: die Neubesiedelung bisher ungenutzter Lebensräume. Und an diesen Orten, wie zum Beispiel in Berlin, erhöht sich die Artenvielfalt.

Die europäische Siedlungsgeschichte der Marderhunde begann 1928 in der Ukraine. In der damaligen Sowjetunion wurden bis 1950 an die 10 000 Tiere zum Zwecke der Pelzproduktion ausgesetzt. Marderhunde bilden ihr begehrtes dichtes Winterfell nur im Freien und nicht in Pelztierfarmen aus. Von der Ukraine zogen die Tiere dann, in umgekehrter Himmelsrichtung wie die Waschbären, nach Westen. 1962 wurde in der Nähe von Osnabrück der erste Enok in Deutschland von einem Jäger erlegt.

Die Tiere haben sich auf dem Weg in den Westen stark verändert. Ihr Fell ist im wärmeren Westen nicht mehr so dicht und daher für die Pelzindustrie uninteressant geworden. Mit dem Winterfell haben sie noch eine andere Gewohnheit abgelegt. In den eisigen Regionen ihrer Herkunft sind sie die einzige Hundeart, die eine Winterruhe hält. Zu mehreren legen sie sich tagelang in ihre Erdbauten und tun nichts. Hierzulande sind sie aber das ganze Jahr über aktiv. Sie leben teils allein, teils in Paaren oder in lockeren erweiterten Familienverbänden und beanspruchen keine bestimmten Territorien ausdrücklich für sich allein.

Die Weibchen werfen im Frühjahr bis zu zwölf zunächst blinde Welpen, die im Alter von zehn Tagen zu sehen beginnen. Bei Marderhunden kümmern sich beide Elternteile um die Versorgung des Nachwuchses. Die hohe Nachkommenzahl dürfte die Geschwindigkeit ihrer Ausbreitung ebenso befördert haben wie ihre ungewöhnliche Ernährungsweise. Marderhunde können neben Pflanzen, Früchten, Insekten, Fischen, Vögeln, Kleinsäugetieren und Aas auch Molche und Kröten fressen. Diese werden wegen ihrer giftigen Hautsekrete von anderen Säugetieren und Greifvögeln gemieden. Enoks aber vermögen mithilfe besonders starker Speichelabsonderung das Gift zu neutralisieren und ihre Beute ohne Schaden zu fressen. Berlin ist reich an Molchen und Kröten, und darin wird man, ohne allzu spekulativ zu werden, einen der Gründe für die Ausbreitung des Marderhundes in der Stadt sehen können. Die Amphibien sind, mit Ausnahme der Wintermonate, in denen sie in der Erde vergraben ruhen, für Marderhunde wesentlich leichter zu fangen als das Geflügel auf der Pfaueninsel oder die Enten im Tierpark. Marderhunde sind nämlich nicht sonderlich schnell. Haus- oder Jagdhunde können die nur etwa 25 Zentimeter langen, kurzbeinigen Tiere fast immer einholen, und wenn eine Dogge, ein Schäferhund oder ein Deutsch-Drahthaar einen Enok ergriffen hat, ist es oft um ihn geschehen. In Berlin sind außer dem Straßenverkehr vor allem die zahlreichen Hunde, die zu jeder Tages- und Nachtzeit ausgeführt werden, Feinde des Marderhundes. Über seine Lebensweise in Berlin gibt es bisher jedoch nicht einmal Anekdoten. Da Marderhunde aber gute Schwimmer sind und über Kröten und Frösche hinaus auch geschickt Fische fangen, wird man sie in der Stadt vor allem in Gewässernähe erwarten können.

Im Wasser findet man auch den einzigen reinen Vegetarier dieses Kapitels. Biber bilden seit ihrem ersten Auftauchen in Berlin um die Mitte der achtziger Jahre heute wieder eine stabile Population in der Stadt. Sie leben hauptsächlich im Tegeler See, nehmen aber auch langsam den Müggelsee in Besitz. Die Biber sind, daran besteht kein

Zweifel, aus dem Brandenburger Umland über die Havel und die Spree in die Stadt eingewandert. Es ist davon auszugehen, dass es zu weiteren Zuwanderungen kommen wird. Die Stadt bietet noch viele geeignete unbesiedelte Wohngebiete, und der Biberbestand in Brandenburg hat sich in den letzten 20 Jahren mehr als verdoppelt.

Die Rückkehr der Biber zählt, um eine Formulierung des Münchener Biologen Josef H. Reichholf zu verwenden, zu jenen »ökologischen Überraschungen«, von denen man zum Beispiel spricht, wenn sich, entgegen den Vorhersagen von Naturschützern und Ökologen, fast verschwundene Tierarten in nach menschlichem Ermessen nicht mehr tauglichen Gewässern regenerieren können.

Biber beim Bäumefällen, Abnagen der Rinde und beim Dammbau.

Um die Mitte des 19. Jahrhunderts gab es bis auf wenige Restpopulationen in Europa keine Biber mehr. In Deutschland lebten damals noch knapp 100 Tiere an der mittleren Elbe zwischen Dessau und Magdeburg. An diesem Teil des Flusses und an den hier einmündenden Nebenflüssen Mulde, Saale und Schwarze Elster konnten sie vermutlich nur überleben, weil der Preußenkönig Friedrich Wilhelm I. bereits im Jahr 1714 Schutzmaßnahmen für Biber angeordnet hatte. Vor der Reformation wurden Biber selbst in ihrer schwächsten Phase – nach dem überstandenen Winter – von Menschen verfolgt und gejagt. Im Mittelalter bestimmte ein päpstliches Edikt, dass Biber zu den Fischen zu zählen seien, womit den Mönchen in der Fastenzeit der Verzehr ihres Fleisches erlaubt war. Als Beleg für die eigenwillige katholische Systematik diente der flach abgeplattete beschuppte Schwanz, die »Kelle« der Tiere. Und nicht nur das Fleisch der »Schuppentiere«, die im ausgewachsenen Zustand jedes Reh an Gewicht übertreffen, fand großen Zuspruch, auch wegen ihres im Herbst und Winter besonders dichten Fells wurden die Biber zahlreich erlegt. Hinzu kam noch, dass auch das nach Moschus duftende Öl, das die Biber über bestimmte Drüsen im Afterbereich absondern, als Parfüm, Potenz- und Heilmittel begehrt war. Mithilfe des Öls fetten die Biber ihr Fell ein und markieren ihre Reviere. Dass das auch als »Bibergeil« bezeichnete Castoreum bei Menschen allenfalls eine eingebildete Wirkung zeigt, tat der Nachfrage keinen Abbruch. In einem irrwitzigen Kreislauf von immer höheren Preisen für Felle und Castoreum brachte man die Biber in Europa an den Rand der Ausrottung. Ihr Überleben hing neben den erwähnten Schutzmaßnahmen schließlich auch mit der sinkenden Nachfrage nach Biberfellen und »Bibergeil« in neuerer Zeit zusammen.

Seit 1965 stiegen die Biberzahlen an der Mittelelbe wieder stetig an. Über die Nebenflüsse der Elbe drangen die Nagetiere allmählich bis zur Havel vor und sind vermutlich von dort in den Tegeler See eingewandert. Diese Umgebung bietet auf den ersten Blick ein eher biberuntypisches Bild – die bekannten Staudämme und daraus resultierenden Überschwemmungslandschaften sucht man vergeblich. Selbst die Biberburgen wirken hier unscheinbar und könnten auch zufällige Astansammlungen sein, wären die Äste nicht an vielen Stellen entrindet und wiesen die Stämme nicht die typischen sanduhrförmigen Schnittstellen auf, die die Nagetiere hinterlassen, wenn sie Bäume fällen.

Dass die Biber in Tegel dennoch heimisch werden konnten, hängt mit einigen günstigen natürlichen Gegebenheiten des Gebietes zusammen. Der Wasserstand des Sees ist relativ konstant und gewährleistet, dass die Eingänge der Biberburgen, in denen die Tiere die meiste Zeit ihres Lebens verbringen und ihre Jungen großziehen, ständig unter Wasser stehen. In den unbegradigten Flusslandschaften Kanadas oder Russlands ist das selten der Fall, sodass die Biber dort landschaftsverändernd in die Umwelt eingreifen müssen. Auch die klimatischen Bedingungen in Berlin wirken sich auf das Verhalten der Tiere aus. In kälteren Regionen verbringen Biber den Winter in ihrem Bau. Dann sitzen sie in den Wohnkesseln ihrer Burgen und schwimmen nur von unten an die angelegten Astflöße, um Nahrungsnachschub zu holen. So müssen sie in eiskalten Frostnächten das vergleichsweise warme Wasser nicht verlassen und können die im Eis frisch gehaltenen Baumrinden in ihren isolierten Burgen in Ruhe verzehren. Der Winter ist der Grund, warum sie überhaupt Bäume fällen. Da das vergleichsweise milde Klima in Berlin es den Tieren erlaubt, sich oft ganzjährig von Wasserpflanzen zu ernähren, kommt es auch nicht zu Massenfällungen von Birken und Pappeln wie zum Beispiel im Leningrader Gebiet, der Gegend um St. Petersburg, die bis heute auch offiziell ihren sowjetischen Namen behalten hat. Trotzdem kann es natürlich passieren, dass in Berlin hin und wieder ein Baum von einem Biber gefällt wird. Wenn ein solcher Baum dann auch noch, wie am Müggelsee geschehen, so auf die Straße stürzt, dass er den morgendlichen Berufsverkehr blockiert, ist der Ärger groß und dem Biber wird der mediale Prozess gemacht. Von Bibern gefällte Bäume, die die Straße versperren, werden aber in Berlin die Ausnahme bleiben.

Als reine Pflanzenfresser sind Biber auf große Mengen frischer pflanzlicher Nahrung angewiesen. Im Frühjahr und Sommer finden sie an den Ufern und im Flachwasser ihrer Reviere ausreichend weiche, saftige Pflanzen. An die 170 Pflanzenarten, darunter Seerosen, Igelkolben, Schwertlilien, Kalmus und Wasserschwaden, sind als Sommernahrung der Biber identifiziert worden. Im Herbst wird die Nahrungsbeschaffung schon schwieriger. Knospen und die verwertbare Rinde in den Baumkronen liegen außerhalb der Reichweite der Biber. Sie sind zum Klettern einfach zu schwer. Da sie allerdings mit ihren riesigen Nagezähnen durch Holz schneiden können wie andere Tiere durch Karotten, strecken sie in einer Nacht auch Stämme mit einem halben Meter Durchmesser nieder. Dabei stehen sie aufrecht, auf ihren breiten Schwanz gestützt, und nagen die Bäume etwas über der Erde sanduhrförmig ab, bis sie knicken. Meistens fallen die bearbeiteten wassernahen Stämme von selbst in die gewünschte Richtung, da die Kronen oft zum Wasser hin stärker ausgewachsen sind als zur Landseite. Es kommt aber vor, dass sie in eine andere Richtung fallen und sich in dort stehenden Bäumen verhaken. Dann müssen weitere Stämme umgenagt werden, damit die Tiere an die begehrten Äste gelangen können. Biber sind unterschiedlich geschickt im Holzfällen. Jüngere Tiere müssen es erst durch Übung erlernen, aber auch für ältere stellt es noch eine ständige Gefahr dar. Für die wegen ihrer kräftigen Zähne fast feindlosen Nagetiere ist das Erschlagenwerden durch Bäume eine der häufigsten Todesursachen.

Pappeln und Weiden sind bei Bibern die beliebtesten Bäume, wobei letztere für die Tiere im Winter auch eine vorbeugende pharmazeutische Bedeutung haben. Weidenrinden enthalten nämlich Salizylsäure, die auch als Grundstoff für Aspirin verwendet wird und gegen Erkältungen wirkt. Sie fressen aber auch die Wurzeln von Seerosen und Schilf, wie sie es vorzugsweise am Tegeler See tun.

Biber sind bei der Suche nach Bäumen notgedrungen wählerisch, denn sie vertragen nicht alle Baumarten. Eichen zum Beispiel meiden sie und nutzen sie höchstens zum Schärfen ihrer Zähne. Das hängt mit ihrem Verdauungssystem und den Schutzstoffen der Baumrinden zusammen. Um die Rinden aufschließen zu können, benötigen Biber die Hilfe von Mikroorganismen, die in ihren riesigen Blinddärmen leben. Diese Mikroorganismen müssen sich langsam auf die jeweilige Rindenart einstellen und sind nicht beliebig belastbar.

Biber verändern die Uferlandschaft nicht nur durch die Bevorzugung bestimmter Baumarten: Bäume, die die von den Biberburgen hervorgerufene Überflutung nicht vertragen, wie zum Beispiel Nadelhölzer, sterben ab und machen Weiden und Pappeln Platz. Von diesen fällen die Biber nur so viele, dass Jungbäume die Lücken in den Lichtungen wieder schließen können.

Auf diese Weise veränderte Landschaften können in der Folge eine enorme Produktivität entfalten – sogar den Erfolg der Besiedelung Nordamerikas durch die Europäer könnte man auf den Spuren der Biber nachzeichnen. Auf der Suche nach dem Biberfell für Mützen und Mäntel lernten die Trapper die Fluss-Systeme und Landwege Nordamerikas kennen. Die aus ausgetrockneten Biberseen hervorgegangenen so genannten Biberwiesen dienten als überreiche Weiden für Bisons und, nach deren Vernichtung, für das Vieh der eingewanderten Siedler. Solche großen Landschaftsveränderungen werden von den Berliner Bibern wohl kaum ausgehen, denn sie können sich in ihren Revieren in Tegel, die sich in Ufernähe etwa einen Kilometer weit um ihren Bau erstrecken, meist ohne weitreichende Eingriffe genügend Nahrung besorgen.

Ihren Bestand regulieren Biber über ihre Reviere, in denen immer nur ein Elternpaar lebt. Männchen und Weibchen sind übrigens nicht zu unterscheiden, denn die Geschlechtsteile des männlichen Bibers liegen gewissermaßen im Körper versteckt. Der wissenschaftliche Name für die Biber, Castor, der Kastrierte, nimmt darauf

Bezug. Die Eltern leben immer nur mit den Jungtieren der letzten beiden Jahre zusammen. Nachdem sie von der Mutter wenig zimperlich ins Wasser geworfen wurden, lernen die anfangs extrem wasserscheuen Jungen nicht nur, sich regelmäßig einzufetten, sondern auch, welches Holz genießbar ist. Der Übergang von der Muttermilch zur Rindennahrung kann auch physiologisch ein Schock sein, den viele Jungtiere nicht überleben.

Es spricht für die Bibertauglichkeit der Berliner Gewässer, dass sich die Tiere langsam, aber kontinuierlich vermehren und neue Lebensräume in der Stadt suchen. Biber bleiben dabei jedoch stets an das Wasser gebunden. Da sie an Land wegen ihres kompakten, völlig an das Leben im kalten Wasser angepassten Körperbaus schnell überhitzen und buchstäblich verbrennen würden, ist nicht zu befürchten, dass sie zum Bäumefällen in Gärten oder Hinterhöfe eindringen oder zu »Gemüsebettlern« werden. Dass solche Ängste dennoch grassieren, wird wohl damit zusammenhängen, dass man die Tiere eigentlich nicht sieht. Es wäre schon ein großer Zufall, im Sommer in Tegel spielenden Bibern zu begegnen. Mit Ausnahme ihrer Burgen bleiben sie weitgehend unsichtbar, und ihr Leben bleibt uns ebenso verborgen wie das der meisten Tiere in der Stadt. Sollte doch einmal ein von Bibern gefällter Baum die Fahrbahn versperren, ist das kein Grund, vor einer Biberinvasion in der Stadt zu warnen. Dagegen gehört die Tatsache, dass sich Biber ganz von allein, ohne menschliche Eingriffe, wieder in Berlin ansiedelten, zu jenen wirklich bemerkenswerten Ereignissen, die von der Regenerationskraft der Natur in städtischen Lebensräumen zeugen und nicht nur für die Artenvielfalt hoffen lassen, sondern auch für die Lebensvielfalt der menschlichen Bewohner.

Das Zusammenleben von Tieren und Menschen im städtischen Raum wird aber natürlich keine Idylle sein, das Beispiel der Wildschweine am Alexanderplatz etwa hat es verdeutlicht. Wildschweine geraten, ebenso wie die anderen in diesem Kapitel vertretenen Tiere, wohl vor allem deshalb so häufig in das Visier der nicht immer wohlwollenden Öffentlichkeit, weil sie als »groß« wahrgenommen werden. Der Maßstab, der dabei angelegt wird, bezieht sich nicht immer auf die Körpergröße der Tiere – Marderhunde zum Beispiel sind ja nicht besonders groß –, aber stets auf den Eindruck, den sie hinterlassen. Die meisten Menschen fänden eine Begegnung mit einem Fuchs vermutlich spektakulärer als die Sichtung einer Grabwespe im Innenhof des Reichstags oder einer Ringeltaube auf dem Weg zur U-Bahn-Station. Das reflektieren in der Regel auch die Berichte der Medien über Tiere in der Stadt. Vielleicht interessieren uns diese Arten aber auch deshalb, weil sie wie wir zu den Säugetieren gehören. Fuchs, Wildschwein, Waschbär, Steinmarder, Marderhund und Biber bilden jedoch nur die Spitze einer bisher kaum wahrgenommenen Migrationswelle, einer neuen Landflucht hinein in die Städte. Das nächste Kapitel wird zeigen, dass sich auch im großstädtischen Luftraum etwas verändert.

Berlin Alexanderplatz

Wann sie das erste Mal zwischen Fernsehturm und Rotem Rathaus auftauchte, lässt sich nicht mehr genau feststellen. Im Frühling des Jahres 2000 jedenfalls konnte man sie beim Spaziergang über den Alexanderplatz deutlich vernehmen. Nachts inmitten der Stadt eine Nachtigall aus vollem Halse singen zu hören, das war ungewohnt. Kennt man diese Vögel doch sonst nur aus Parks, wo sie auf an Wiesen stehenden Laubbäumen sitzen und ihre Lieder singen. Tatsächlich aber bietet der auf den ersten Blick so unwirtlich wirkende städtische Platz alles, was Nachtigallen zum Leben brauchen. Zwischen Palast der Republik, Marienkirche, Fernsehturm und Rathaus wachsen Pappeln, Spitzahorn, Buchen, Gleditschien, Roteichen und Linden – Laubbäume also, deren abfallende Blätter auf dem Boden eine ständige Schicht bilden, in der die Vögel ihre Nahrung, Insekten, Käfer und Schnaken, suchen. An manchen Stellen finden sich unter den Bäumen dicht stehende Kräuter, und selbst die vor dem Neptunbrunnen dekorativ gepflanzten, undurchdringlich scheinenden Rosenbeete können Nachtigallen ein Versteck oder auch einen Ort für den Nestbau bieten.

Es ist ein einzelner Nachtigallenhahn, der alljährlich in der Zeit von Ende April bis Anfang Mai die Fußgängerpassagen zwischen Alexanderplatz und Rotem Rathaus mit seinem Gesang erfüllt. Während er tagsüber von verschiedenen, oft für Menschen gut einsehbaren Ästen der oberen Baumregionen sein Territorium singend markiert, bleibt er während der Nacht an der einmal gewählten Stelle sitzen. Auch seine Strophen sind nachts anders strukturiert als während des Tags. Der Gesang enthält dann eher lang gezogene und wenig frequenzmodulierte Pfeifsilben. Solche Lautformen haben den Vorteil, dass sie weit tragen. Der Nachtigallenhahn ist somit bestens gerüstet, die nachts umherziehenden Weibchen aus großer Entfernung anzulocken.

Wenn die Weibchen dann eintreffen, treten die Hähne eines Reviers in Konkurrenz zueinander. Das gemeinsame Locksignal fächert sich in eine Vielzahl individuell gefärbter Gesänge auf, mit denen die Hähne um die Gunst der Weibchen buhlen. Die Weibchen beginnen die wettstreitenden Hähne am Gesang zu unterscheiden und treffen daraufhin ihre Partnerwahl.

Der Sänger am Alexanderplatz allerdings scheint bislang keinen Konkurrenten zu haben. Andere Nachtigallenhähne – wie häufig bei den Singvögeln singen bei Nachtigallen nur die Hähne – sind in Hörweite nicht auszumachen. Umso bemerkenswerter ist es, dass es diesem Hahn an einem für Nachtigallen entlegenen Ort im Zentrum der Stadt gelingt, jedes Jahr eine Partnerin herbeizusingen. Die erfolgreiche Aufzucht einer Brut spricht für die Gegend als Nistplatz, doch offenbar sind die Bedingungen noch nicht gut genug für ein zweites Revier, in dem die ausreichende Versorgung einer weiteren Brut gewährleistet wäre.

Pfiffe man diesem Nachtigallenhahn aber, als sei man ein Konkurrent, eine lange, gleich tönende Sequenz ins Lied, würde er mit großer Wahrscheinlichkeit seinen Vortrag unterbrechen – und vielleicht sogar, nach einer kurzen Pause, mit einer exakten Kopie des Pfiffes antworten. Von den verschiedenen Formen, mit denen Nachtigallen aufeinander reagieren können, ist das mustergleiche Antworten eine der beeindruckendsten, vor allem dann, wenn sie sich nicht »ins Wort fallen«, sondern genau in die Pausen des anderen Hahns singen. Das lässt sich in den von etwa 1500 Nachtigallenpaaren dicht besiedelten Revieren in Berlin – sie befinden sich im Tiergarten, im Botanischen Garten, im Treptower Park, am Teufelsberg oder am Teltowkanal – gut verfolgen. Zuweilen stimmen bis zu 14 Nachtigallenhähne in ein geradezu rauschhaft gesteigertes Konzert ein.

Nachtigallen sind hierzulande mit einem Repertoire von bis zu 200 verschiedenen Strophen im Gesang eines Hahns die variantenreichsten Sänger. Man kann sich eine Nachtigallenstrophe als Pendant zu einem Satz in der menschlichen Sprache vorstellen: Viele der Strophentypen beginnen mit einem ähnlichen Element und formen sich dann im mittleren und hinteren Strophenteil zu unterschiedlichen Äußerungen aus. An die Stelle von Worten treten

Eine singende Nachtigall in Gesangspose über einem schweigenden Sprosser. An der hier angedeuteten leichten Sprenkelung seines Halsgefieders lassen sich im günstigen Fall die beiden Arten unterscheiden.

Motive, Silben und Phrasen, die die Nachtigallenhähne in ihre Strophen einfließen lassen. Hört man genau hin, wird man, besonders wenn es dunkel ist und andere Arten nicht mehr singen, den Nachtigallen bei einem regelrechten Dialog folgen können. Einige Hähne singen abwechselnd aufeinander abgestimmt. Hat ein Sänger seine Strophe beendet, setzt der andere seine Antwortstrophe höflich genau dann an, woraus sich ein rhythmisches Hin und Her des gepflegten Dialogs entspinnt. Über eine längere Zeit einem solchen »Nachtigallengespräch« zu lauschen, kann eines der größten Vergnügen im Berliner Frühling sein.

So harmonisch geht es aber nicht immer zu. Manchmal lassen Hähne den Nachbarn nicht aussingen, sondern fallen ihm sozusagen ins Wort. Dies führt dazu, dass der Gestörte seine Strophe irritiert abbricht und noch einmal neu ansetzen muss. Die Verhaltensbiologen Dietmar Todt und Henrike Hultsch von der *Freien Universität Berlin* nennen diesen Sängertyp den »Herausforderer«. Er hat seinen Nachbarn noch nicht akzeptiert und führt, anders als der ersterwähnte höfliche Hahn, den Konkurrenzkampf fort.

Hinzu kommt ein weiterer Typ, der sich weder auf freundliche Zwiegespräche noch Sing-Wettkämpfe einlässt und seine Lieder scheinbar starr vor sich hin schmettert. Mit Starrsinn hat dies allerdings nichts zu tun. Henrike Hultsch, deren Verdienst es ist, Berlin in der Wissenschaftswelt zur »Stadt der Nachtigallen« gemacht zu haben, hat in jahrzehntelangen Experimenten die Hintergründe für dieses Gebaren erhellt. Es sind meist ältere, erfahrene Nachtigallen, die allein vor sich hin singen, als seien sie ungerührt von den Interaktionsangeboten der anderen. Spielt man ihnen aber Gesänge fremder Nachtigallen – etwa aus Südfrankreich vor –, ändern sie plötzlich ihr Verhalten. Nachdem sie zunächst nur schweigend lauschen, singen sie nach kurzer Zeit wieder und imitieren dann die eben gehörten französischen Melodien. Es ist der unbekannte Tonfall im arteigenen Gesang, der sie aufhorchen lässt und zum Dialog aufzufordern scheint.

Der Gesang der Nachtigallenhähne enthält über die Individualität und Virtuosität des jeweiligen Sängers hinaus noch weitere Hinweise, die ihn für andere unterscheidbar machen. Nachtigallen erlernen den überwiegenden Teil ihres späteren Repertoires als Nestlinge durch die ihnen zu Ohren kommenden Gesänge der Erwachsenen, des Vaters vor allem, aber in der Regel auch der benachbarten Vögel. Aus diesen Vorbildern kreieren die Jungen später ihre eigenen Lieder, die neben der individuellen Ausprägung immer auch so etwas wie die akustische Marke ihrer Herkunftsgegend, eine Art Dialekt, in sich tragen. Daraus erklärt sich die Gelassenheit vieler älterer, etablierter Nachtigallen, die auf jüngere Herausforderer normalerweise nicht mehr eingehen, nachdem sie bereits über drei, vier oder fünf Jahre hintereinander in derselben Stadtumgebung gebrütet haben. Die Töne der anderen sind ihnen vertraut – nicht selten sogar von ihnen vorgegeben, was ihnen vermutlich die Furcht vor den jüngeren potenziellen Widersachern nimmt. Die älteren Hähne sind allemal ortskundiger, haben dadurch Vorteile bei der Nahrungssuche und sind womöglich die besseren Versorger ihrer Weibchen und ihrer Brut. Darüber hinaus sind ihnen mit dem Alter die Tricks der singenden Herausforderer geläufig geworden, und wahrscheinlich können sie die Stärke des Konkurrenten einschätzen, auch ohne sich auf einen Dialog einzulassen.

In Berlin aufgewachsene Nachtigallen landen, wenn sie nach ihrem ersten im Süden Afrikas verbrachten Winter zurückkehren, bevorzugt in der Nähe ihrer eigenen Geburtsorte. Häufig aber sind die besten Reviere schon von älteren Vögeln besetzt. Dann sind sie gezwungen, zu Pionieren zu werden und neue Lebensräume zu erkunden und auszuprobieren, darunter auch von der Lage her so ungewöhnlich erscheinende, aber offenbar für die Aufzucht von Nachwuchs durchaus geeignete Biotope wie die Zentren der Städte – die Tiere würden andernfalls nicht wiederkommen.

Dass der Sänger vom Berliner Alexanderplatz sein Revier Jahr für Jahr erfolgreich nutzen kann, verdankt er aber überdies einer besonderen Fertigkeit: Nachtigallen verstehen es hervorragend, sich zu tarnen. Dieser Selbstschutz ist lebenswichtig, denn an Feinden mangelt es in dieser Gegend wirklich nicht. Über die Grünflächen zwischen den Bäumen vor dem Rathausplatz laufen regelmäßig Hunde und Menschen, die für die Nester der Bodenbrüter eine Gefahr darstellen. Genauso bedrohlich können die Nebelkrähen werden, die den Platz bevölkern. Sie konzentrieren sich zwar meist auf menschliche Abfälle, wissen aber auch die Nester anderer Vögel – seien sie mit Eiern oder mit Jungvögeln belegt – als Nahrung zu schätzen. Zudem besitzen Krähen eine überdurchschnittliche Beobachtungsgabe, mit deren Hilfe sie es geschafft haben, den am Alexanderplatz nistenden Elstern – immerhin fast ebenso groß wie die Krähen und nicht minder intelligent als sie – erst die Eier zu stehlen, dann das Nest zu zerstören und sie schließlich zu vertreiben. Offensichtlich sind die graubraunen Nachtigallen bei ihrer Fütterung der Jungen so vorsichtig, dass es den aufmerksamen Krähen nicht gelingt, ihr Nest ausfindig zu machen. Nachtigallen nähern sich, wenn sie die Jungen füttern wollen, tatsächlich in einer Verwirrung stiftenden Abfolge einzelner Etappen dem Nest. Sie wählen dabei immer wieder andere Anflugstrecken, landen nur kurz, entfernen sich wieder von ihrem Ziel, hüpfen auch einmal daran vorbei und schlüpfen schließlich heimlich zur Brut. So benötigen selbst geübte menschliche Beobachter mitunter Tage, um den Neststandort auf einem kleinen Stück Wald- oder Wiesenboden zu entdecken. Und der weiträumige Alexanderplatz bietet zahlreiche Versteckmöglichkeiten.

Der Tag im Frühjahr, an dem sich eine Henne für den Nachtigallenhahn vom Alexanderplatz entschieden hat, lässt sich genau ausmachen. Sobald nämlich die Werbung erfolgreich war, stellt der Hahn sofort seine nächtlichen Gesangsvorträge ein und singt nur noch tagsüber. Er sitzt dann auch nicht mehr so oft auf höher gelegenen Ästen in den Pappeln oder Eichen, sondern bevorzugt die unteren Baumschichten oder Sträucher. Störungen durch Spaziergänger oder deren Hunde beantwortet er durch lauter werdenden Gesang. Zuweilen unterbricht er seine Lieder durch ein tiefes, knarrendes »trrrrk« oder ein ansteigendes »hüit«, wobei er den Schwanz schnell hochschlägt, daraufhin herunterwippen lässt und rhythmisch mit den am Körper anliegenden Flügeln zuckt. An diesem mit einem leichten Knicks verbundenen Wippen und Zucken von Schwanz und Flügeln kann man erregte Nachtigallen leicht von anderen Vögeln unterscheiden.

Die Warnrufe, die, im Unterschied zum Gesang, von beiden Geschlechtern geäußert werden, sind ein deutliches Zeichen dafür, dass die Brut- und Aufzuchtszeit begonnen hat. Ab Mitte Mai hört man den Nachtigallenhahn deutlich weniger singen. Denn während des zweiwöchigen Brütens – diese Aufgabe fällt ganz der Henne zu – muss er nicht nur wachsamer sein, sondern auch Futter für die Partnerin herbeischaffen. Er hat dann nicht mehr viel Zeit und Kraft zum Singen. Manchmal kann man ihn beobachten, wie er mit zuckend-wippenden Sprüngen die Rasenflächen um das Marx-Engels-Denkmal nach Kleintieren absucht. Dieser abgehackt wirkende Bewegungsablauf macht die Verfolgung von Nachtigallen so schwierig. Kaum hat man sie entdeckt, springen sie in einen Strauch, laufen oder fliegen mit einem Satz oder Flügelschlag in eine nicht vorhersehbare Richtung. Dabei sind sie nicht scheu, sondern – ein besseres Wort gibt es nicht für dieses Verhalten – heimlich. Im nächsten Moment nämlich können sie schon wieder gut sichtbar wippend und flügelzuckend zwischen den Blättern einer Buche auftauchen.

Wenn nach zwei Wochen die Jungen geschlüpft sind, sieht man die Nachtigallen häufiger mit Insekten im Schnabel oder mit merkwürdig verschnürten kleinen Knäueln, die sie während des Flugs fallen lassen. Es sind die geruchlosen und von einer Art Haut verschnürten Kotballen der Jungen, die von den Eltern aus dem Nest getragen und anschließend in angemessener Entfernung entsorgt werden. Neben der versteckten Lage der Nester und der geschickten Taktik der Nachtigallen, sich diesen zu nähern, sind ihre Hygiene sowie die Geruchlosigkeit von Küken und Kot die Gründe dafür, dass sie ihre Jungen von Feinden unbehelligt versorgen und aufziehen können. Selbst nahrungssuchende Füchse, die zu diesem Zweck mit der Nase den Boden sondieren, vermögen nur äußerst selten Nachtigallennester aufzuspüren und zu plündern. Wahrscheinlicher ist, dass sie die Nester eher zufällig zertreten haben, sollten sie einmal fündig geworden sein.

Obwohl von Fressfeinden wie Krähen, Elstern, Ratten, Hunden, Katzen oder Waschbären umgeben, können Nachtigallen dank ihrer Vorsicht und der herausragenden Tarnmechanismen ihre Bestände in städtischen Lebensräumen stetig vergrößern. Selbst nachts, wenn sie weithin vernehmbar singen, haben sie nichts zu befürchten, weil sie sich mithilfe bestimmter Frequenzbereiche in ihren Tönen vor Angreifern schützen können. Das konnte man vor einiger Zeit im Görlitzer Park in Berlin-Kreuzberg beobachten. Eine Katze war nächtens leichtsinnigerweise in den Schallraum einer sehr laut singenden Nachtigall eingedrungen. Das tat ihr offensichtlich nicht gut – sie machte einen Buckel und suchte schnell wieder das Weite. Das Verhalten der Katze legt nahe, dass der so harmonisch klingende Gesang Töne enthalten muss, die nicht jedem angenehm sind. Untereinander erfüllt der Gesang der Nachtigallen eine doppelte Rolle: Sie halten sich mit ihren Liedern gegenseitig auf Distanz und bleiben dennoch in Kontakt. Die benachbarten Nachtigallen können sich durch ihre Gesänge gegenseitig erkennen und einschätzen. Eine im Frühjahr tägliche Herausforderung, die dem Solisten vom Alexanderplatz bislang erspart blieb. Aber mit den erfolgreichen Bruten der letzten Jahre erhöht sich von Jahr zu Jahr die Wahrscheinlichkeit, dass einer der Söhne des Alexanderplatz-Hahns aus dem afrikanischen Winterquartier an seinen Geburtsort zurückkehrt und versucht, in Konkurrenz zum Vater ein zweites Revier zu etablieren. Von der Anstrengung, die Revierbesetzung, Brut und Aufzucht – auch ohne Konkurrenz – bedeuten, gab dieser im Juli

des Jahres 2003 ein sprechendes Bild. Man konnte ihm dabei zusehen, wie er zersaust und erschöpft einfach nur im Staub zwischen
den Sträuchern in der Sonne lag, offenbar froh, einmal nichts tun
zu müssen, und man wünschte dem von der Arbeit des Frühjahrs
gezeichneten Vogel gute Erholung – und einen guten Flug. Denn
was ihm bevorstand, würde nicht weniger Kraft erfordern als der
Frühling und Sommer in Berlin.

Ab Mitte August werden die Nachtigallen in Berlin unruhig und
verlassen in den letzten Tagen des Monats die Stadt in Richtung
Süden. Man weiß zwar bis heute nicht viel über ihr Zugverhalten,
sicher ist aber, dass sie nachts in Etappen bis nach Namibia und
Simbabwe ziehen. Und zwar allein, denn selbst die flügge gewordenen Jungvögel haben sich mittlerweile von den Eltern entfernt und
meiden jeden Kontakt zu ihnen.

Während sich der Hahn vom Alexanderplatz alljährlich auf die
lange Reise macht, fällt sozusagen gleich um die Ecke, hinter dem
Marx-Engels-Karree, ein riesiger Schwarm von Vögeln ein, die von
den Nachtigallen verschiedener nicht sein könnten und doch einige
Gemeinsamkeiten mit ihnen aufweisen. An die 40 000 Stare haben
die Bäume um den Dom zu ihrem Gemeinschaftsschlafplatz er-
koren. Stare sind in Berlin das ganze Jahr über in großen Scharen
anzutreffen. Sie brüten in Kolonien, suchen zusammen nach Nahrung, lassen sich zahlreich auf Hinterhofbäumen zur Mittagsruhe
nieder, ziehen in Schwärmen in neue, bisher unbewohnte Gebiete
und schlafen gemeinsam, wie zum Beispiel am Dom. Ihr Versamm-
lungsdrang ist eine Reminiszenz an die Zeit, als sie noch Zugvögel
waren. Spaziert man nachmittags um den Dom herum, hört man
aus den Bäumen ununterbrochen ein knarzendes Geschwätz.
Solange es hell ist, sind Stare während ihrer gemeinschaftlichen [CD]▸13
Rast nie still. Die schnurrend-schnalzenden Töne können von kna-
ckend-scharfem Rätschen durchzogen sein und klingen wenig
melodisch. Trotzdem sind ihre Geräusche für das menschliche
Gehör angenehm. Im Unterschied zum Nachtigallengesang tragen

Stare ihre Chorgesänge ohne wohlgesetzte Pausen vor, sie wirken einförmiger und runder. Man könnte fast versucht sein, diesen Unterschied auch auf ihre Erscheinung zu übertragen. Wenn die gedrungenen, kurzschwänzigen Vögel um die Ecke zum Alexanderplatz fliegen und dann neben Marx und Engels mit ihren kräftigen Beinen und zirkelnden Schnabelhieben unter dem Laub nach Nahrung suchen, wirken sie im Vergleich zu den dünnbeinigen, feinen Nachtigallen wie Ackerbauern.

Stare haben wie Nachtigallen ihre ursprünglichen Lebensräume in lichten Laub- und Mischwäldern verlassen und sich in menschlichen Kulturräumen angesiedelt, nur waren sie dabei ungleich erfolgreicher. Ihre Fähigkeit zur feinen Koordination in großen Massenansammlungen ist einer der Gründe für ihre beispiellose Verbreitungsgeschichte, die in der Mitte des 19. Jahrhunderts begann. Von Europa aus haben sie alle Kontinente besiedelt, sind vom Land in die Städte vorgedrungen und haben sich in Europa zu großen Teilen von Zugvögeln zu Standvögeln entwickelt. In Berlin ziehen sie nur noch im Spätsommer, Herbst und Winter zwischen ihren Brutplätzen und verschiedenen Massenschlafplätzen hin und her und verlassen die Stadt kaum noch.

Die Vögel haben die Stadt nicht nur als Lebensraum angenommen, sondern sich auch hörbar von der urbanen Geräuschkulisse inspirieren lassen. Junge Stare beginnen bereits im Alter von drei Wochen mit Gesangsübungen. Nach bisherigem Kenntnisstand können die Tiere ihr ganzes Leben lang hinzulernen und ihre Gesänge um die unterschiedlichsten Töne erweitern, wobei sie sich nicht nur die arteigenen Laute zum Vorbild nehmen. Sie sind genauso empfänglich für Töne anderer Vogelarten wie Spatzen, Amseln oder Krähen und bauen sogar Hundebellen, Katzenschnurren oder Froschlaute in ihre Vorträge ein. In der Stadt werden sie außerdem zum Resonanzraum des Straßenverkehrs, indem sie die Geräusche anfahrender oder bremsender Autos, Polizeisirenen und Baustellenlärm imitieren. Solche Töne können zum akustischen Markenzeichen einer ganzen Schlafgemeinschaft werden, was man rund um den Dom hören kann. In großen Ansammlungen gleichen Stare ihre Gesänge einander an und formen auf diese Weise komplizierte Dialekte, die sich selbst innerhalb einer Stadt unterscheiden. So singen die Stare vom Dom anders als ihre Artgenossen auf den Bäumen am Kurfürstendamm.

Über die gemeinsam benutzten Teile ihrer Gesänge – oft sind es bestimmte Pfeiflaute – erkennen sie sich als Angehörige derselben Kolonie. Für Stare ist der Gesang vor allem ein Gemeinschaftsereignis. Er markiert nicht wie bei den Nachtigallen einen Klangraum,

Drei Farbvarianten des Stars. Unten ein Sibirischer Star.

der das Revier als besetzt anzeigt und Rivalen fern hält. Bei Dauer-rednern und Schwarmvögeln wie Staren hat der Gesang andere Funktionen, die nicht immer leicht auseinander zu halten sind. In den Schwärmen »schwätzen« beide Geschlechter. Die so von allen gemeinsam getragenen Töne fördern vermutlich das Gefühl von Vertrautheit und Zusammengehörigkeit.

Der Gesang der Starenmännchen dient dabei auch der Paarbildung. Im Frühjahr sitzen die Männchen vor den Bruthöhlen, seien es alte Spechtbauten, von Menschen aufgehängte Bruthilfen wie Vogelkäs-ten oder einfach Aushöhlungen in alten Gemäuern, und stimmen dort ihre Lockgesänge an. Ihre Erregung zeigt sich nicht nur in der Stimme, sie schlagen während des Vortrags auch mit den Flügeln. Der zittrige Flügelschlag, begleitet von heftigem Kopfwenden in verschiedene Richtungen, macht sie auch für ungeschulte mensch-liche Beobachter auffällig. Während sie versuchen, Weibchen anzu-locken, können die Starenmännchen sehr dicht nebeneinander vor den Höhlen sitzen, ohne sich gegenseitig anzugreifen oder zu ver-treiben. Sie verteidigen nur die unmittelbare Umgebung ihrer Nest-höhle.

Die Weibchen bevorzugen die furioseren Sänger. Und furios ist deren Darbietung allemal, denn Starenmännchen können zwei-stimmig singen. Die Oberstimme, in der sie *legato* arteigene Mo-tive aus hohen, grellen Trillern mit den erwähnten Imitationen verflechten, unterlegen sie in der Unterstimme *staccato* mit kurzen, ratternden Elementen. Man ist oft verblüfft, dass es sich wirklich nur um einen Sänger handelt. Die Weibchen wählen vorrangig den-jenigen Star, der in dieser Vortragsform die anderen an Varianten-reichtum und Ausdauer übertrifft. Sie lassen sich offenbar nur vom Gesang verführen, die Qualität des Reviers, also der Bruthöhle, hin-gegen scheint ihnen nicht so wichtig zu sein. Das lässt sich dadurch erklären, dass Stare im Gegensatz zu Nachtigallen nicht nur in ihrem Revier nach Nahrung suchen, sondern selbst im Frühjahr während der Paarbildung und Jungenaufzucht in der Stadt sehr beweglich bleiben. Sie haben es gar nicht nötig, sich von ihren Artgenossen abzugrenzen, um ihrer Brut ausreichend Nahrung zu sichern.

Das Hin und Her zwischen der paarweisen Aufzucht der Brut und der Nahrungssuche im Schwarm könnte einer der Gründe sein, weshalb Stare ihre Lebensräume auch akustisch in ihren Stimmen spiegeln. Die durch die Aufnahme fremder Töne gesteigerte Variabilität ihres Gesangs verschafft ihnen einerseits ganz handfeste Vorteile bei der Paarbildung, und andererseits bieten die zu Teilen in den Schwarmgesang überführten neuen Töne die Chance einer unverwechselbaren lokalen Identität, die die Tiere an ihren jeweiligen Schwarm bindet und es ihnen ermöglicht, diesen schnell zu erkennen.

Die Fähigkeit der Stare zur Abstimmung und Synchronisation findet ihren sichtbarsten Ausdruck in den Formationsflügen riesiger Schwärme. Das kann in der Nähe des Roten Rathauses zu nahezu sphärischen Schauspielen führen. In dunklen Wolkenwellen, mal aufschlagend, dann nach unten abbrechend, sich genauso schnell in die Breite ausdehnend wie wieder zu einem enger werdenden Trichter zusammenziehend, schwebt der Starenschwarm auf den Rathausplatz zu, um, kurz bevor die Vögel in den Bäumen landen, in kleine Gruppen auseinander zu brechen. Die pulsierenden Flugbewegungen erinnern an eine riesenhafte Amöbe. Wenn die Vögel dicht über einen hinwegfliegen, sieht man, dass selbst die Flügelschläge im dichten Zentrum des Schwarms synchron sind.

Stare beobachten die anderen im Schwarm sehr genau und reagieren äußerst schnell auf die Flugbewegungen bestimmter Vögel. So können von jeder beliebigen Position im Schwarm Richtungsänderungen vorgegeben werden, die sich dann in Wellenform vollziehen. Die Flugspiele der Stare haben zweifelsohne eine ästhetische Qualität, sie ziehen jedoch auch die Blicke gefährlicher Betrachter auf sich. Zwischen Ende Juni und Oktober erwartet manchmal schon mittags ein Falke auf dem Turm der Marienkirche die »anschwimmende« Wolkenwelle. Die Stare können faszinierend schnell und effektiv auf eine solche Bedrohung antworten. Fliegt der Falke mit schneller werdenden Flügelschlägen auf den Schwarm zu, bildet dieser sogleich einen ausweichenden Halbmond um den Angreifer. Mit einer unfassbar schnellen und gleichsam flüssigen Bewegung wird der Falke vom Schwarm in einer schwarzen Kugelformation umschlossen, bis er unten oder an der Seite aus dem biegsamen Schwarmkörper wieder hinausfällt beziehungsweise -fliegt. Dass es dabei zu Kollisionen kommen kann, bezeugen die vielen kleinen schwarzen Federn, die immer noch durch die Luft wehen, wenn der Falke schon am Turm des Roten Rathauses gelandet ist und die Stare in immer enger werdendem Strom auf den Bäumen rund um den Dom eingetroffen sind.

Erfolg haben Greifvögel mit derlei Attacken fast nie. Trotz ihres guten Sehvermögens schaffen sie es nicht, sich im Schwarm auf einen einzelnen Vogel zu konzentrieren. Sie werden konfus und verlieren jede Orientierung. Bei der Geschwindigkeit, mit der sie fliegen, während der Schwarm sie einschließt, laufen sie zudem Gefahr, mit einem Vogel frontal zusammenzustoßen und sich dabei das Genick zu brechen. Dass sie trotzdem immer wieder einen solchen Angriff versuchen, wird wohl daran liegen, dass ein Schwarm von mehr als tausend Staren ein riesiges Angebot zumindest potenzieller Nahrung darstellt. Hieraus ergibt sich letztlich auch der Widerspruch, der den großen Staransammlungen innewohnt. Es ist kaum zu klären, ob der durch die Masse erzielte Konfusionseffekt den Nachteil aufwiegt, durch die bloße Massenansammlung Fressfeinde auf sich aufmerksam zu machen. Häufig genug sieht man dann doch einen Wanderfalken mit einem kleinen schwarzen Vogel in den Greifen in der Nestnische im Rathausturm verschwinden.

Hoch oben in den Türmen des Roten Rathauses manifestiert sich die Erfolgsgeschichte der schrittweisen Urbanisierung dieser ursprünglich scheuen Felsenbrüter. Eine Entwicklung, die an ihrem Anfang einer Sensation gleichkam. Seit Mitte der dreißiger Jahre des letzten Jahrhunderts überwinterte jedes Jahr ein Wanderfalkenpaar auf dem Turm der Gedächtniskirche. Es verschwand 1942, was bei den Flugbedingungen über Berlin in jenen Jahren verständlich ist. Seit 1986 aber nistet im Rathaus dauerhaft ein Wanderfalkenpaar. Die Vögel vermehrten sich stetig, auch an anderen Nistplätzen im Stadtgebiet. 1991 wurden neue Reviere in Hennigsdorf und in der Nalepastraße im Gebäude der ehemaligen Reichsrundfunkanstalt begründet. Inzwischen gehen von Lichtenberg bis Lichterfelde sieben Falkenpaare in der Stadt und ihrer Umgebung auf die Jagd.

Ein Wanderfalkenpaar. Gut zu sehen ist der dunkle Bartstreif.

Da die Berliner Wanderfalken heute beringt sind und regelmäßig von ehrenamtlichen Ornithologen beobachtet werden, ist die Geschichte jedes Vogels dokumentiert. Günther Engel zum Beispiel, der Horstgebietsbetreuer für Berlin-Mitte, kommt während der Brut- und Aufzuchtszeit im Frühjahr zweimal täglich ins Rathaus, um Federn und Kadaverreste aufzusammeln. Anders als Eulen verschlingen Falken ihre Beute nämlich nicht ganz, sondern zerlegen sie mit dem Schnabel in passgerechte Stücke. Federn und Knochen lassen sie liegen. Aus diesen Überresten lassen sich meist Rückschlüsse auf die Beutetiere ziehen.

So fand man am Roten Rathaus Reste von Vogelarten, die noch nicht im heimischen Artenkatalog verzeichnet waren. Neben den Federn und Karkassen von Rosellas, Nymphensittichen und einem australischen Gelbhaubenkakadu lagen da die traurigen Überreste von Waldschnepfen, Wachtelkönigen, und Wasserrallen. Viele der Erstbestimmungen von Zugvögeln, die im Frühjahr und Herbst über Berlin fliegen, gehen auf Funde aus dem Wanderfalkennest im Rathausturm zurück.

Die neuen Stadtbewohner haben in der Folge ihres Einzugs auch das Wissen um die Bedeutung der Wegmarke Berlin für Zugvögel erweitert. Dass Berlin für die Flugstrecken vieler großer und in ihren Schwarmformationen am Himmel deutlich sichtbarer Vögel wie Kraniche oder Graugänse ein wichtiger Wegweiser und das Umland ein begehrter Rastplatz ist, weiß man seit längerem. Einzeln über die Stadt hinwegziehende Vögel wie Rotdrosseln und Wachteln sind dagegen äußerst schwer zu beobachten. Im Unterschied zu Gänsen und Kranichen, deren andauernde Kontaktrufe während des Fluges sie selbst im Dunkeln »verraten«, fliegen sie meist sehr leise.

Im Nest der Falken vom Roten Rathaus fanden sich erstaunlich viele Reste von ausgesprochenen Nachtfliegern, wie zum Beispiel Kuckucken. Das ist ungewöhnlich, weil Wanderfalken normalerweise tagaktiv sind. Für diesen Umstand gab es jedoch bald eine Erklärung. Während das Weibchen nachts brütete, saß das Männchen gern auf dem Fernsehturm und griff dank der Beleuchtung die Zugvögel auch in der Nacht an. Die Tatsache, dass es zwischen den Leuchtreklamen und illuminierten Gebäuden rund um den Alexanderplatz nie ganz dunkel wird, hat den Falken sozusagen einen 24-Stunden-Tag eröffnet. Sie können ihre Ruhe- und Bewegungsrhythmen ganz nach dem jahreszeitlichen Angebot ausrichten – ein konkurrenzloser Standortvorteil.

Flugkunst und Jagdtechnik hängen bei Wanderfalken zusammen und müssen erlernt werden. Die Geschicklichkeit des Terzels, wie Ornithologen den männlichen Falken nennen, als eines geübten Fliegers und Beutefängers hat das Weibchen bereits vor der Paarung testen können, denn Wanderfalkenmännchen werben vor dem Nistplatz mit Kostproben ihrer Flugkünste um die Weibchen. Mit kräftigen Flügelschlägen winden sie sich in Spiralen gen Himmel, um sich dann in für das menschliche Auge nicht mehr nachvollziehbarem Tempo fallen zu lassen. Der Sturzflug mündet elegant in einen geschwungenen Bogen. Dabei kann sich der Vogel um die eigene Achse drehen und noch einen Looping anhängen. Mit halb angelegten Flügeln erreichen Wanderfalken im Fall Geschwindigkeiten von bis zu 350 Stundenkilometern. Bei diesem Tempo sind eine exzellente Koordination und hohe Präzision der Bewegungen unabdingbar. Diese Gewandtheit kommt den Tieren ebenso beim Beutefang zugute. Wanderfalken erlegen ihre Beute, indem sie kurz vor dem Zusammentreffen mit ihr abbremsen, die Beine nach vorn werfen und versuchen, dem Opfer mit den Krallen den Rücken von hinten nach vorn aufzureißen. Haben sie ihr Ziel verfehlt, drehen sie sich auf den Rücken und packen den Beutevogel von unten. Auch der geübteste Wanderfalke muss dabei mit Fehlversuchen rechnen, und tatsächlich führt nur etwa jeder zehnte Angriff zum Erfolg. Verwunderlich ist es deshalb nicht, dass die Falken schlechte Flieger als Beute bevorzugen.

In Berlin, sagt Rainer Altenkamp, der die Betreuung der Stadtfalken koordiniert, schlagen sie hauptsächlich Stadt- und Brieftauben.

Ringeltauben sind ihnen zu groß, genauso wie Nebel- und Saatkrähen. Zwar sind die Wanderfalken in der Lage, auch diese Tiere zu töten, zurück zum Nest tragen können sie sie jedoch nicht.

Die Berliner Wanderfalken haben, obwohl der Name anderes nahe legt, aufgehört zu wandern. Während andere Artgenossen bis nach Südafrika fliegen, bleiben sie das ganze Jahr über in der Stadt. So einfach wie in Berlin kommen Wanderfalken wahrscheinlich nirgendwo zu ihrer Beute. Im Herbst tauchen Lachmöwen in Scharen in der Stadt auf – Vögel in der richtigen Größe, gewissermaßen fertig portioniert, die die Falken häufig in der Luft schlagen und ohne Zwischenlandung am Boden zum Rathausturm bringen, wo sie sie selbst im kältesten Winter in Ruhe verspeisen können.

Das Rote Rathaus bietet den Falken das ganze Jahr über windgeschützte Ruheplätze. Man konnte sich bei einer frühjährlichen Beringung der Jungvögel davon überzeugen, wie sicher der Platz auf dem Turm für die immer noch als Jagdgehilfen bei Falknern und arabischen Herrschern begehrten Vögel ist, für die bis zu 40 000 Dollar pro Tier bezahlt werden. Hoch oben auf dem Rathausturm bot sich bei klarer Sicht und warmer Luft ein weiter Blick über die Stadt aus der Perspektive der Falken. Das Nest selbst war nicht so einfach zu erreichen. Es bedurfte eines Extremsportlers, der sich mit einem Stahlseil gesichert über das Geländer schwang und abseilte, um die beiden Küken im Nest zu fangen. In Stoffbeutel gepackt und nach oben gezogen, wurden die ungefähr 30 Tage alten Männchen dann von zwei Mitarbeitern der Berliner *AG Greifvogelschutz* beringt und vermessen. Anschließend wurde noch ein Rachenabstrich gemacht, denn durch eine Untersuchung auf Trichomonaden erhofft man sich Aufschluss über die Ursache der hohen Sterblichkeit bei Jungvögeln. Die beiden Küken schrien während der Prozedur zwar kurz, machten aber keine Anstalten davonzulaufen. Fortbewegungsversuche wären bei einer solchen Nesthöhe auch lebensgefährlich für die jungen Falken. Wanderfalkenküken sind auf Grund der Lage der Brutplätze Nesthocker ohne jeden Fluchtreflex – als ursprüngliche Felsenbrüter sind die Jungen an Nester in tief abfallenden Steilwänden angepasst.

Während der gesamten Beringung umkreiste die Falkenmutter ohne Unterlass mit schnellen, dicht gereihten »grägrägrä«-Rufen die Störer ihrer Brut. In dieser offensichtlichen Aufregung musste sie sich obendrein der Angriffe einiger Nebelkrähen erwehren. Auch sonst sieht man manchmal einen der beiden Falken am Himmel von drei oder vier Krähen umkreist auf- und abfliegen. Die Krähen versuchen dabei immer wieder, dem Falken ins Gefieder zu hacken, bis er sich – fallend oder steigend – aus dem Kreis der Angreifer befreit und davonfliegt. Meist landet er dann in einer der Turmnischen, schüttelt kurz das Gefieder und ruht sich erst einmal aus. Als Greifvogel wäre er im Duell mit einer Krähe immer überlegen, im Kampf gegen mehrere Gegner verkehren sich die Vorzeichen aber oft sehr schnell. Das erklärt auch, warum die Krähen trotz der Falken-Residenz unbehelligt am Alexanderplatz leben können.

Bei Spaziergängen unter den Bäumen am Alexanderplatz lassen sich die Schlaf- und Ruheplätze der hier ständig ansässigen Krähenpaare leicht ausmachen. Die weißlich über das Pflaster verspritzten Kotflecken verraten ihre bevorzugten Äste. Aber zumindest in einem Fall, unter einer Linde nahe des Neptunbrunnens, stammen die Flecken nicht von Krähen. Selbst an windigen Herbsttagen sitzt dort auf einem Ast in zwei bis drei Metern Höhe eine Ringeltaube. Oft hat sie ihren blaugrauen Kopf mit dem oben grünlich und darunter pupurrot glänzenden Halbring, der ihr den Namen gab, unter die Flügel gesteckt und schläft. Ringeltauben sind im Unterschied zu Stadttauben nicht in Massenansammlungen, sondern meist paarweise anzutreffen. Sie leben das ganze Jahr über in der Stadt, auf Bäumen in Hinterhöfen, Parks oder mitten im Zentrum der Stadt, wie am Alexanderplatz. Ihre Territorien verteidigen sie entschlossen gegen andere Vögel wie Wanderfalken oder Stadttauben. Es gibt bei Ringeltauben eine häufig zu beobachtende Tendenz, in der Nähe von Falken und Eulen zu nisten. Warum sie dies tun, ist umstritten, hier am Alexanderplatz lässt sich aber ein Grund benennen: Die Präsenz der Falken hält ihnen die Konkurrenz der Stadttauben vom Leib. Auf der Suche nach Nahrung – Eicheln, Bucheckern, Ahorn- und Koniferensamen sowie Holunder- und Schneeballbeeren – haben sie wahrscheinlich nicht einmal in den Krähen, die hauptsächlich die Abfallkörbe am Platz im Visier haben oder vor dem Cubix-Kino Popcorn abgreifen, ernst zu nehmende Widersacher. Ringeltauben halten vorwiegend nach Nahrung auf dem Boden Ausschau. Der gemächliche Schritt, mit dem sie durch die Sträucher schreiten, um mal hier eine Beere abzureißen, mal

Zwei Ringeltauben. Den namensgebenden weißen Halsstreifen zeigt nur die obere der beiden.

dort einen Robiniensamen aufzupicken, spricht für die ausgezeichnete Versorgungslage vor Ort.

Ringeltauben bleiben in guten Territorien das ganze Jahr über standorttreu, während sie die schlechteren Reviere zeitweise verlassen, um sich vorübergehend anderen Artgenossen anzuschließen und sich in Gruppen von bis zu 80 Vögeln auf Nahrungssuche zu begeben. In Berlin scheinen sie die Gruppennahrungssuche aber nicht nötig zu haben. Die meisten Vögel verlassen die Friedhöfe, Parks und Hinterhöfe, in denen sie leben, nicht mehr.

Die Stadt hat ihre Wege verkürzt: Während Ringeltauben auf dem Land im Winter manchmal bis zu zehn Stunden am Tag mit der Nahrungssuche verbringen, schlagen sie sich hier oft in einer halben Stunde den Kropf voll. Danach sitzen sie für den Rest des Tages fast reglos in den Bäumen. Sie unterbrechen diese Ruhe nur, um ihr Gefieder zu pflegen. Dabei fächern sie einen Flügel auf, strecken das Bein darunter und fahren mit dem Schnabel die Federn einzeln ab. Wenn es regnet, baden sie gern. Dazu legen sie sich erst auf die eine, dann auf die andere Seite ins Gras oder auf die steinernen Gehwege um den Neptunbrunnen und strecken Beine und Flügel von sich. Haben sie ihr Bad beendet, stehen sie auf, schütteln sich und schlagen einige Male mit den Flügeln. Niemandem fallen sie sonderlich auf, wenn sie danach einige Meter mit den taubentypischen nickenden Kopfbewegungen auf dem Platz umhertrippeln. Sie gehören zum Alexanderplatz wie der Brunnen, das Rathaus, die Nebelkrähen und die Kohlmeisen in den Büschen vor dem Eingang zum Fernsehturm – und nicht zuletzt die Wanderfalken, die über dem Platz wachen.

Herbst und Winter

Der August ist für die Natur der Monat der Ruhe und Erschöpfung, auch in der Stadt. Die Mauersegler haben in den ersten Tagen des Monats Berlin in Richtung Namibia und Südafrika verlassen. Es ist still geworden. Die hell sirrenden Kontaktrufe, die im Mai, Juni und Juli überall in Berlin zu hören waren, sind verschwunden.

Die Jungenaufzucht ist für viele Tiere im August beendet. Wie anstrengend sie für die meisten Vögel gewesen sein muss, kann man im Spätsommer an den Amseln sehen. Zersaust sitzen sie in den Bäumen oder Büschen. Nur noch leise, mit geschlossenem Schnabel summen sie unstrukturiert vor sich hin und nutzen jede Gelegenheit, die ausgebleichten Federn in die Sonne zu halten. Manchmal verschaffen Ameisen den Amseln etwas Erquickung. Haufenweise schaufeln die Vögel sie in den Schnabel, stecken sie zwischen die Federn oder unter die Flügel. Die Ekstase, in die sie dabei offensichtlich geraten, lässt vermuten, dass ihnen das gut tut. Die Säure, die die Ameisen zur Gegenwehr verspritzen, entspannt die strapazierte Amselhaut ebenso wie Staub oder Wasser.

Das Bad im Wasser oder im leichten Sand des Spätsommers ist für die Vögel so attraktiv, dass sie selbst in ihrer Erschöpfung noch bemüht sind, die besten Plätze für sich zu erkämpfen. An leicht zugänglichen Badestellen mit flachem Wasser kommt es deshalb selbst zu dieser Jahreszeit häufiger zu Rangeleien. Da Amseln, auch wenn sich an Beeren tragenden Sträuchern mitunter bis zu 30 Vögel versammeln, keine sozialen Organisationsformen ausbilden, streiten sie eigentlich ständig. Sie laufen mit abgestellten Flügeln oder imponierend wippendem Schwanz umeinander herum und versuchen, sich gegenseitig auf Distanz zu halten. Trotz der dichten

Besiedelung in Berlin – Amseln sind wahrscheinlich die häufigste Vogelart in der Stadt – ertragen sie die Nähe anderer Artgenossen nicht. Selbst die Jungvögel eines Nests, die noch einige Wochen, nachdem sie flügge geworden sind, zusammen bleiben, achten untereinander auf Abstand. Sie landen nie gemeinsam in einem Garten, sondern nur der Reihe nach, einer nach dem anderen. Im Spätsommer schließlich scheint den Amseln sogar die Kraft zum Streiten allmählich abhanden zu kommen. Der August lässt die Tiere sanftmütig werden.

So wie im August bei manchen Vögeln die Gesänge verstummen, verlieren andere, eher stille Arten die Farbenpracht ihres Gefieders. Die Stockentenerpel haben ihr buntes Federkleid eingebüßt und schwimmen nun in grau-brauner Färbung zwischen den weiblichen Enten und dem Nachwuchs des Jahres auf den Teichen umher. Wenn man davon ausgeht, dass mit dem Farbenreichtum der äußeren Federn eine ebenso kontrastreiche Fülle der Stimmungen einhergeht, dann sind die einheitlich gefärbten Enten im August der sichtbare Ausdruck der einmütigen Ruhe unter den Wasservögeln.

Erst im September wird es wieder lauter. Das liegt nicht nur an den Tieren: Dumpf schlagen die grünen, stacheligen Früchte der Kastanien auf den Boden der Hinterhöfe; brechen sie auf, werden die leuchtend rötlich-braunen Kastanien sichtbar. In der Hand fühlen sich die großen Samen angenehm glatt und geschmeidig an. Dass man Kastanien gerne anfasst und mit sich nimmt, könnte einer der Gründe für die Ausbreitung des Kastanienbaumes sein – etliche Bäume sind auf diese Weise wohl aus Mitbringseln von einem Spaziergang im Tiergarten oder auf dem Boulevard Unter den Linden in den Hinterhöfen Berlins entstanden. Dort ist die Kastanie heute der vorherrschende Baum.

Die weiß blühende Rosskastanie ist wie geschaffen für die Bedingungen in den rechteckig ummauerten Hinterhöfen. Trotz der ungünstigen Lichtverhältnisse wachsen die Bäume in die Breite und bilden jene im Hochsommer fast den ganzen Hof beschattende, großflächige Krone aus. Auch mit den kargen Böden kommen die Kastanien gut zurecht. Ihre Wurzeln sind leicht zu bändigen, sie brechen nicht durch Mauern, wie es Robinien- oder Ahornwurzeln tun können, und heben auch keinen Straßenasphalt an, um sich mehr Luft zum Atmen zu verschaffen. Nur schlecht verlegten und schwach isolierten, vor allem älteren Wasserrohren werden sie manchmal gefährlich. Die wachsenden Wurzelspitzen mit der noch weichen Schleimschicht sind ein ausgesprochenes Wassersuchorgan und vermögen einen solchen Druck zu erzeugen, dass die Wurzeln in ein solches Rohr hineinwachsen und es verstopfen können.

Wasser ist einer der wenigen wirklich limitierenden Faktoren des anspruchslosen Baumes. Auf trockenen, sandigen Böden gedeihen Kastanien nicht. Neben dem Wassermangel droht ihnen allerdings noch eine weitere Gefahr. Wenn schon im Frühherbst einige der 22 000 Kastanien Berlins gänzlich kahl sind, bei anderen die letzten Blätter zu Boden fallen, ist das alarmierend. Normalerweise würde das Laub erst Ende Oktober langsam gelb werden und nicht, wie in Berlin, bereits im August oder September rostig braun und vertrocknet aussehen. Für den kläglichen Zustand der Bäume ist ein Tier verantwortlich, das seine Eier in den Blättern der Bäume ablegt. Die aus den Eiern geschlüpften Raupen der kleinen Miniermotte fressen schlangenförmige Gänge, so genannte Minen, in die Blätter, sodass diese ausgehöhlt werden, frühzeitig vergilben und allmählich absterben. Ob die Miniermotte längerfristig das Baumbild der Stadt verändern kann, ist schwer einzuschätzen. Durch den verminderten Gasaustausch an befallenen Blättern, so befürchten einige Experten, könnten die Kastanien geschwächt und in der Folge von Pilzen befallen werden. Das Pflanzenschutzamt jedenfalls empfiehlt, bei Neuanpflanzungen nur noch rot blühende Kastanien in die Erde zu setzen, da die Motte sich nur an den weiß blühenden Rosskastanien vergreift. Diese Aussicht stimmt traurig. Die zahlreichen weißen, mit gelb-roten Flecken durchzogenen rispenartigen Blütenstände, die im Frühjahr das Stadtbild verschönern, würde man sehr vermissen. Darüber hinaus verschwänden dann auch die pelzigen Hummeln und Bienen, die zur Blütezeit die gelben Farbmale anfliegen, in denen der Baum den Nektar produziert.

Ökonomisch betrachtet, sind Kastanien relativ nutzlose Bäume. Ihr grobfaseriges Holz ist nicht besonders wertvoll und forstwirtschaftlich ohne Bedeutung, ihre Samen schmecken bitter und sind leicht giftig. Nur das Wild im Grunewald frisst sie im Winter gern. Dass die gemeine Rosskastanie im 16. Jahrhundert aus ihren Ursprungsgebieten in Kleinasien und den Bergwäldern des südlichen Balkans nach Mitteleuropa eingeführt wurde, muss wohl allein ihrer ästhetischen weißen Blütenpracht zugeschrieben werden. Den Bestandteil »Ross« in seinem Namen trägt der Baum vermutlich, weil er sich entlang der Postkutschenwege ausbreitete. Als Schattenspender in Biergärten in München oder Berlin ist er erst sehr viel später entdeckt worden. Klaus von Krosigk vom Denkmalschutzamt Berlin weist aber darauf hin, dass in Berlin schon sehr früh auch andere Formen als die Rosskastanie angepflanzt wurden. So hatte Peter Joseph Lenné bei der Gestaltung des Hausvogteiplatzes von vornherein die Pflanzung von acht amerikanischen rot blühenden Kastanien zur Beschattung vorgesehen. Bei der Restaurierung des Platzes wurden sie nach den Originalplänen Lennés wieder angepflanzt. In Hinterhöfen und Biergärten können die roten Kastanien jedoch kaum Ersatz für die wegen ihres Schatten spendenden Daches so beliebte weiß blühende Variante bieten – sie wachsen nicht so hoch und bilden zudem weniger dichte Kronen aus.

Die den weiß blühenden Rosskastanien zusetzende Miniermotte ist ein Beispiel für einen Zuwanderer, der in der Stadtlandschaft tatsächlich Schaden anrichtet. Woher die Motte kommt, ist bis heute unklar. Man vermutet aber, dass sie ursprünglich auf dem Balkan heimisch war und von dort aus allmählich der Kastanie gefolgt ist. Inzwischen gibt es Hinweise auf ein Mittel, mit dem sich die Miniermotten in den Blättern der Rosskastanie eventuell bekämpfen ließen. Biologen fanden heraus, dass die Motten ihre Eier zwar ebenso in die Blätter verwandter Kastanienarten legen und aus den Eiern auch Larven schlüpfen, dass diese jedoch bald absterben und den Bäumen dadurch nicht schaden können. Vermutlich besitzen diese Kastanienarten einen natürlichen Abwehrstoff, der die Entwicklung der Mottenlarven hemmt und sie sterben lässt. Gelänge es, diesen Stoff zu finden, zu isolieren und zu synthetisieren, hätte man wahrscheinlich ein biologisches Mittel zur Hand, die Rosskastanie von ihrer Plage zu befreien. Bis dahin aber werden die Kastanien ihre gelb-bräunlichen schrumpeligen Blätter einige Wochen vor den gesunden Bäumen abwerfen und den Blick auf die in ihren Ästen arbeitenden Eichhörnchen und Eichelhäher freigeben.

Eichhörnchen sieht man in dieser Jahreszeit häufig mit voll gestopftem Mund und Eichelhäher mit verdicktem Kropf durch die Äste der Kastanien huschen. Die für ihre Vorratswirtschaft bekannten Eichhörnchen sehen im Herbst wegen ihres Wechsels vom Sommer- zum wärmeren Winterfell oft wie gerupft und krank aus.

Eichhörnchen mit groß aufgestellten Ohren.

Schon früh morgens sieht man sie nach Eicheln, Bucheckern und Haselnüssen suchen. Beim Abstieg aus dem Geäst der Bäume sind die wegen ihrer Geschicklichkeit und Kletterkunst vor Feinden meist sicheren Tiere äußerst vorsichtig, ständig schauen sie sich in alle Richtungen um. Auf der Erde scheint es ihnen nicht geheuer zu sein, das zeigt auch die Geschwindigkeit, mit der sie die gesammelten Eicheln und Nüsse unweit der Baumstämme mit den Vorderpfoten im Boden verscharren, um darauf schnell wieder in den Ästen zu verschwinden. Im Winter verbringen die Eichhörnchen die längste Zeit des Tages in ihren Nestern in den Astgabeln. Nur zur Nahrungsbeschaffung unterbrechen sie ihre Ruhe. Selbst im tiefen, vereisten Schnee versuchen sie, die im Herbst verscharrten Samen wiederzufinden – nicht immer erfolgreich. Sie merken sich nämlich nicht genau die Stellen, an denen sie ihre Vorräte anlegen, sondern graben einfach in der Nähe ihrer Bäume.

Die Chancen, fündig zu werden, stehen bei den Eichhörnchen in keinem optimalen Verhältnis zum betriebenen Aufwand. Trotzdem kommen die Tiere normalerweise gut über den Winter. Sie halten zwar keinen Winterschlaf, bewegen sich aber in der kalten Jahreszeit weniger und müssen deshalb auch weniger fressen als im Frühjahr oder im Sommer.

Tiere, die das ganze Jahr über gleich aktiv sind, müssen beim Anlegen von Reserven systematischer vorgehen als die Eichhörnchen. Für sie reicht es nicht, den Überschuss in üppigen Tagen nur einfach beiseite zu schaffen, um sich, wenn Mangel herrscht, an ihm zu bedienen. Der Vorrat muss auch vor dem Zugriff anderer gesichert, das heißt, gut versteckt werden. Die Tiere haben dabei bemerkenswerte Gedächtnisleistungen zu erbringen: Sie müssen das Versteck erinnern und im besten Fall auch noch wissen, welcher Same wo hinterlegt worden ist – schon allein, um zu verhindern, dass das Speichergut auskeimt und dann nicht mehr als Nahrung taugt.

Schweine entziehen sich derlei komplizierten Aufgaben, indem sie erst gar nicht anfangen, Speicher anzulegen oder Futter zu verstecken. In der Rotte ziehen sie von Futterquelle zu Futterquelle und fressen fast alles, was sie finden und verschlingen können – ein regelrechtes Kontrastprogramm zu den verschiedenen Rücklage-Modellen anderer Tiere.

Ausgesprochen versiert im Anlegen von Reserven sind die Eichelhäher. Gerade im September sind sie unermüdlich dabei, Eicheln, Kastanien und Bucheckern zusammenzutragen, um sie dann einzeln zu vergraben. Bis zu sechs Stück transportieren sie in ihrem Kehlsack und verstecken sie an allen möglichen Orten in der Umgebung ihrer Bäume, die sie sich merken und später wiederfinden.

Eichelhäher in winterlicher Landschaft.

79

Wegen ihrer weithin hörbaren Warnrufe dienen Eichelhäher den anderen Arten im Wald als eine Art Frühwarnsystem vor Störern und Feinden. Mittlerweile erfüllen sie diese Aufgabe auch in der Stadt. Seit den sechziger Jahren des 20. Jahrhunderts besetzen sie zunehmend die Kastanien in den Hinterhöfen Berlins. »Besetzen« ist dabei durchaus wörtlich zu verstehen: Meist wacht ein Teil des auf der Hinterhofkastanie lebenden Eichelhäherpaares den ganzen Tag über das Revier und konzentriert sich währenddessen nicht nur auf vermeintliche Konkurrenten der eigenen Art. Die typischen kreischenden »räätsch«-Warnschreie der Vögel melden Katzen genauso wie jede andere Störung des normalen Betriebes. Eichelhäher verfolgen auch die Tätigkeiten der menschlichen Anwohner sehr genau. Oft zeigen sie – aus bisher nicht geklärten Gründen – eine spezielle Aufmerksamkeit für eine bestimmte Person. Im Garten eines Hinterhauses in der Zimmermannstraße in Steglitz platzierte sich jeden Morgen, wenn der Bewohner des dritten Stocks seinen Computer anschaltete, einer der beiden dort ganzjährig ansässigen Häher auf dem am Balkongeländer befestigten Kräuterkasten. Mit geradem Blick schaute er den Auserwählten an, beugte sich dabei zur Begrüßung nach vorn, als würde er ihm zunicken, und ließ ein kläglich klingendes »aaar-ooor« folgen, um im nächsten Moment einen Büschel Basilikum oder Rosmarin aus dem Kasten zu reißen und davonzufliegen. Nicht immer aber war der Eichelhäher so friedlich gestimmt. Manchmal landete er auch auf dem Balkongeländer und schrie den jungen Mann an seinem Schreibtisch unvermittelt und ziemlich laut an.

Eichelhäher sind exzellente Beobachter. Das müssen sie auch sein, denn ihre Vorräte, die sie in Mauerritzen, Baumhöhlen, zwischen den Mülltonnen, in Löchern zwischen den Hinterhofbodenplatten oder auch in Blumentöpfen auf den im Winter nicht mehr genutzten Balkonen verstecken, wollen ganzjährig bewacht sein. Sie merken sich nicht nur das jeweilige Versteck, sondern auch die dort gelagerte Nahrung und sind in der Lage, deren Haltbarkeit zu be-

Mutterschwein mit Ferkeln

Wildschweinbache mit Frischlingen

Waschbären

Steinmarder

Steinmarder

Stare

Wanderfalke

Lachmöwe

Eichhörnchen

Eichelhäher

Saatkrähe

Erdkröte

Graureiher

rechnen. Manche Vögel bringen es auf 30 000 Eicheln, die sie im Herbst an bis zu 6000 verschiedenen Stellen verstecken – eine unglaubliche Erinnerungsleistung, die natürlich gelernt und ständig trainiert werden muss; Häher, die das Speichern in der Jugend nicht üben konnten, vergraben zwar auch Eicheln in der Erde, finden sie aber später nicht wieder. Um ihr Gedächtnis frisch zu halten, sammeln und jagen Eichelhäher das ganze Jahr über. Selbst im Frühjahr und Sommer, wenn es keine Eicheln zum Speichern gibt und die blühende Stadtlandschaft ausreichend frische Nahrung bietet, verstecken sie notfalls auch Ungenießbares wie Steine, um ihr Gedächtnis zu trainieren. Das Lagern von Steinen hat aber auch noch eine andere Funktion: Sie haben so schon die Stellen besetzt, an denen sie dann im Herbst ihre Eicheln und Nüsse verstecken können.

So heimlich wie die Eichelhäher gehen durchaus nicht alle Tiere bei der Nahrungsbeschaffung und -lagerung vor. In den größeren, besonders mit Nadelhölzern bewachsenen Parks, wie etwa im Garten der Karl-Bonhoeffer-Nervenklinik im Berliner Stadtteil Reinickendorf, liegen bereits ab Mitte September unter einigen Bäumen Haufen von Kiefernzapfen, die die Anwesenheit von Buntspechten anzeigen. Die Nahrung der Buntspechte ist vielseitiger als die anderer Spechtformen. Im Winter können sie sich dadurch leicht umstellen und dann fast ausschließlich vegetarisch ernähren. Dabei kommt ihnen ihr spontanes, früh entwickeltes Interesse für jede Spalte, Nische oder Höhlung an Bäumen entgegen. Viele fettreiche Samen wie Haselnüsse sind nicht zum direkten Verzehr geeignet und müssen zunächst geknackt werden. Während Rabenvögel, wie zum Beispiel Eichelhäher, Fruchthüllen und Samenschalen mit dem Fuß festhalten und mit dem Schnabel aufhämmern, haben Buntspechte eine spezielle Form der Bearbeitung entwickelt. Sie klemmen Körner, Koniferenzapfen oder Samen in Baumspalten. Die so genannten Schmieden passen sie in Größe und Form der zu öffnenden Nahrung an. Neben besonderen Haselnuss- oder Kiefernzapfenstellen sind ihre Reviere mit noch nicht spezifisch zurechtgehackten Vorschmieden übersät, die den Buntspechten dazu dienen, auch hartschalige Käfer zu knacken. Ihre bemerkenswerte Lernfähigkeit im Umgang mit dem Futter hat ihre Grenzen in der Vorausschau. Wenn sie etwa einen Tannenzapfen mit sechs gezielten kräftigen Schnabelschlägen vom Baum entfernt und ihn im Schnabel zur Schmiede geflogen haben, ist diese häufig noch von einem bereits entleerten Zapfen belegt. Das Beseitigen des alten Zapfens und das Platzieren des neuen – dieser klemmt zwischen Ast und Bauch, jener wird mit dem Schnabel weggeschleudert – wirkt auf den Betrachter, als handele es sich um eine ziemlich ärgerliche Arbeit.

Ärger sind die robusten Vögel gewöhnt. Mit einer dicken Haut ausgestattet, die sie vor Insektenstichen schützt, Muskelkontraktionen beim Hämmern abfedert und sie darüber hinaus bei Tierpräparatoren beliebt macht, ertragen Buntspechte auch ihre gegenseitige Aggressivität. Die ganzjährig territorialen Vögel reagieren heftiger als andere Spechte auf eindringende Artgenossen. Ihre oft zu hörenden »kix«-Rufe, die sie einzeln von sich geben, können dann in dichter Folge bis zu 120 Mal pro Minute erschallen. Im Herbst belassen sie es in der Regel dabei, drohend den Schnabel aufzureißen und die Scheitelfedern aufzustellen. Zu wirklich heftigen Attacken kommt es erst im Frühjahr zwischen März und Mai, wenn sie ihre Jungen großziehen.

Mit den Vorbereitungen für die Brut beginnen die jungen Buntspechtmännchen allerdings schon im Herbst. Einen geeigneten Platz für eine Bruthöhle finden sie meist relativ leicht, diese zu errichten verlangt allerdings einiges Können. Nur Spechte können am Baumstamm sitzend und mit dem Schnabel gerade nach vorn hämmernd Höhlen in lebendes Holz hacken. Dies gelingt ihnen, weil eine federnde, gelenkartige Verbindung zwischen der breiten Schnabelbasis und dem Hirnschädel die beim Schlagen des Meißelschnabels auf den Baumstamm entstehenden Erschütterungen verteilt und damit das Hirn schützt. Hinzu kommt, dass ihre Nasenlöcher mit feinen Federn überwachsen sind; so wird verhindert, dass die Vögel das von ihnen produzierte Sägemehl einatmen. Eine stabile Haltung am Baum gewährleisten starke Muskeln, die die stützenden Schwanzfedern kontrollieren.

Erst wenn die Höhle im Rohbau schon bezugsfertig ist, fangen die Männchen an zu trommeln. Als Resonanzkörper taugen ausschließlich hohle Baumstämme oder tote Äste. In der Stadt allerdings haben die Buntspechte auch Dachrinnen oder Aluminiumverschalungen als Verstärker entdeckt. So sieht man sie etwa in der Berliner Mommsenstraße mitten im Stadtteil Charlottenburg auf Dächern sitzen, wo sie, sobald sie mit den Beinen Halt gefunden haben, mit rasanten Schlägen des Schnabels auf die Dachrinnen einhacken. Dabei kommt es zu häufigen Geschwindigkeits- und Rhythmuswechseln. Einzelne kurze Trommelwirbel aus 10 bis 20 Einzelschlägen sind das ganze Jahr über zu vernehmen, und zwar fast überall dort, wo sich ein »Instrument« findet. Die Qualität des Resonanzkörpers entscheidet nicht nur über die Reichweite, sie bestimmt auch, in welcher Geschwindigkeit die Spechte ihre Wirbel setzen können. Das wird besonders in den Wintermonaten ab Dezember bedeutend. Dann ändern die ausgesprochenen Einzelgänger ihr Verhalten und versuchen Weibchen anzulocken. Die Trommelwirbel werden dann häufiger und länger. Weibchen nähern sich den werbenden Männchen, indem sie ebenfalls trommeln. Unbekannte Takte werden aber zunächst einmal mit Aggressionen beantwortet. Bei der Balz umkreisen sich die Buntspechte anfänglich in großen Abständen und beobachten sich sehr genau. Dabei sind sie immer darauf gefasst, plötzlich vom zukünftigen Partner angegriffen zu werden, was auch durchaus vorkommen kann. Ihre Annäherung enthält entsprechend viele Drohgesten. Vertrautheit stellt sich erst allmählich ein, wenn die Vögel nach eingehender gegenseitiger Beobachtung gelernt haben, die Reaktionen des Partners einzuschätzen. Das kann bis zu zwei Monate dauern.

Die trommelnden Spechte sind nicht die einzigen Tiere, die in der Winterzeit ihre Töne in der Stadt vermehrt erklingen lassen. Die

Stimmen der Möwen färben schon lange nicht mehr nur die Atmosphäre von Küstensiedlungen. Während der Wintermonate zählen sie in Berlin neben den Krähen zu den auffälligsten Vögeln. Im Winter 2002/03 saß kurz nach Weihnachten ständig ein Trupp Lachmöwen am U-Bahnhof Breitenbachplatz und beobachtete die Kunden der Imbissbude, die sich mit einer Tüte Pommes frites entfernten. Hatte jemand ein Stück davon verloren, flogen sofort einige der taubengroßen schlanken Vögel auf den delikaten Happen zu. Kaum mit den Füßen den Boden berührend, nahmen sie die fettige Kartoffel mit dem Schnabel auf und würgten sie auf dem nächsten Ast hinunter. Der Möwenmagen ist auf die Verdauung unzerkleinerter, hastig verschlungener Nahrung spezialisiert, was damit zusammenhängen kann, dass die Vögel immer Artgenossen gewärtigen müssen, die ihnen das Futter abzujagen versuchen. In diesem Fall blieben die Futterneider allerdings erfolglos. Ihre aufgeregten,

[CD] ▸14 hellen »keke«-Stakkato-Rufe hallten noch einige Zeit nach, bis sie

Die Abbildung zeigt von links oben nach unten je ein Exemplar der Zwerg-, Lach- und Schwarzkopfmöwe.

plötzlich von hohen, bissigen »kräkrä«-Lauten abgelöst wurden. In dem Moment schossen die Möwen auf eine einsame, mit dem Schnabel Schnee zur Seite stiebende Krähe zu, die irgendetwas Essbares freigelegt hatte. Die Möwen griffen geschickt von verschiedenen Richtungen an und stahlen es ihr.

Manchmal schaffen es Möwen, durch Kleptoparasitismus ihren gesamten Futterbedarf zu decken. Im Unterschied zu Krähen können sie nur sichtbare Nahrung aufnehmen. Sie lernen teilweise recht schnell zu erkennen, wann andere Vögel zum Beispiel nach Muscheln tauchen oder Regenwürmer aus der Erde ziehen. Bei manchen Möwenarten entwickeln sich bestimmte Individuen zu regelrechten Klauspezialisten. So zerren zuweilen Silbermöwen Alkenvögel aus dem Nest, um deren Eier zu fressen, oder fangen Papageientaucher vor ihren Nisthöhlen ab und schütteln sie, bis diese die Fische fallen lassen, die sie für ihre Jungen gefangen hatten. Solche Spezialisten sind aber relativ selten, und in Städten ist es meist effektiver, nach Abfällen Ausschau zu halten. Wachsende Müllhalden städtischer Ballungsgebiete sind der wichtigste Grund für die teilweise drastischen Bestandszunahmen der europäischen Möwenarten. Hier finden die Vögel auch im Winter beste Nahrungsbedingungen.

Im Jahre 1870 wurde in der Berliner Innenstadt die erste Lachmöwe gesichtet, und seitdem sind es immer mehr geworden. Die Möwen mögen Berlin – als man in den dreißiger Jahren des letzten Jahrhunderts einige von ihnen einfing und nach Zürich verfrachtete, waren sie bereits kurze Zeit später an dieselbe Spreebrücke zurückgekehrt, von der sie gekommen waren. Bemerkenswerte Rückgänge der Lachmöwenbestände gab es in den folgenden Jahren nur noch in den Kriegswintern von 1942 bis 1944.

Heute bleiben einige der 15 000 Berliner Möwen sogar das ganze Jahr über im Stadtgebiet. Am Müggelsee und am Wernsdorfer See konnten sich kleinere Kolonien ansiedeln. Dass nicht noch mehr Vögel in Berlin brüten, hängt mit den Nistgelegenheiten zusammen. Die Nester müssen von Wasser umgeben sein oder so nah an einem Gewässer liegen, dass sie vor Bodenfeinden geschützt sind. Das auf festem Boden errichtete Nest sollte zudem von dichter, aber nicht zu hoher Vegetation umrahmt sein, um den Küken Deckung zu bieten. Die erwachsenen Lachmöwen suchen sich selbst zur Brutzeit ihre Schlafplätze oft mehrere Kilometer von der Kolonie und den Nestern entfernt; bietet die Vegetation den Jungen keinen ausreichenden Schutz, sind sie nachts eine leichte Beute für Raubfeinde wie etwa Eulen. Zusätzlichen Schutz der Brut gewährleistet die Tarnfärbung der Eier und der Küken. Darüber hinaus entfernen die Eltern sofort nach dem Schlüpfen die Eischalen aus der Kolonie. Sie sind innen weiß, und blieben sie im Nest liegen, wären sie für Krähen ein weithin sichtbarer Hinweis auf gerade geschlüpfte Küken.

Die sonst heftig miteinander konkurrierenden Möwen verteidigen ihre Kolonie gemeinsam. Bodenfeinde attackieren sie durch Sturzflüge, und Greifvögel irritieren sie, indem sie im dichten Schwarm schnell fliegen und dabei blitzartig Wendungen und Höhenwechsel vollziehen. Die Schwarmbildung verbessert ihren Feindschutz, und ihre auffällige weiße Gefiederfarbe lässt sie rasch erkennen, ob eine von ihnen etwas zu fressen gefunden hat.

Im Sommer kommen Lachmöwen nur selten in die Innenstadt. Entweder jagen sie in der Luft Insekten, fischen sie von der Wasseroberfläche oder folgen pflügenden Traktoren über die Äcker, um die dadurch aufgewühlten Regenwürmer aufzupicken. Anders als in Küstengebieten haben Lachmöwen in Berlin die Konkurrenz von größeren Möwen erst im Winter zu fürchten. Dann kommen nicht nur immer mehr Individuen in die Stadt, sondern auch immer mehr Arten. Sind die drei häufigsten Formen während der übrigen Jahreszeiten, Lach-, Sturm- und Silbermöwen, schon durch ihre Größe leicht voneinander zu unterscheiden, wird es im Winter komplizierter. Am Müggelsee tauchen nun auch Schwarzkopfmöwen auf, deren Kopf im Winter genauso wenig schwarz ist wie der

der Lachmöwen. Im Flug sind sie aber durch die breiteren Flügel und den steiferen Flügelschlag gut von Letzteren zu unterscheiden. Man kann sie spätestens dann identifizieren, wenn man ihre Rufe vernimmt. Nur Schwarzkopfmöwen bringen reine »a-ön-a«-Klangfolgen hervor, die zwar in Tonhöhe und Klangfarbe individuell variieren, aber von anderen Möwenarten nicht nachgeahmt werden.

Die kleinen Möwen mit einer schwarzen Kopfmaske, die man im Winter am Tegeler See und an der Havel antrifft, sind keine Jungen aus diesem Jahr, sondern Zwergmöwen. Sie sind die einzige »Berliner« Möwenart, die nicht in Abfällen wühlt. Sie fressen auch im

Eine Silbermöwe und hinten eine Sturmmöwe. Die ähnlich aussehenden Arten lassen sich relativ leicht unterscheiden: Die Sturmmöwe ist kleiner als die Silbermöwe, ihre Füße sind gelblich im Unterschied zu den fleischfarbenen der Silbermöwe und ihre Augen sind rötlich, während die Silbermöwe gelbe Augen hat.

Winter hauptsächlich Fische und ziehen, sobald die Gewässer zu-
frieren, weiter. Zugefrorene Gewässer verändern zum Teil auch das
Verhalten der anderen Möwen. Sie verlagern dann ihren Aufenthalt
meist ganz in die Innenstadt.

Abends fliegen die Berliner Möwen regelmäßig zu zwei Schlafplätzen. Alle Arten treffen sich entweder am Müggelsee oder an der
Unteren Havel. Der letztere Schlafplatz wird besonders in sehr kalten Wintern in Richtung der immer eisfreien Havel bei Pichelsdorf
verlassen. Dort versammeln sich dann alle möglichen Wasservögel,
selbst Fischadler wurden schon gesichtet. Ein Großteil der Vögel
wird den Tag auf den Mülldeponien im Berliner Umland verbracht
haben. Mülldeponien sind zwar nicht gerade einladend, zum Beobachten von Möwen aber günstig. Manchmal treffen hier die
häufig vorkommenden Silbermöwen auf die selteneren Herings-,
Mantel- oder Weißkopfmöwen. Letztere sind unter Taxonomen
heftig umstritten. Weißkopfmöwen leben in zwei aneinander gren-
zenden Gebieten, die eine Form in den Steppenzonen am nörd-
lichen Schwarzen Meer bis nach Mittelasien, die andere am Mittel-
meer bis zum westlichen Schwarzen Meer. Es verdichten sich seit
einiger Zeit die Hinweise, dass es sich nicht, wie manche ältere
Bestimmungsbücher behaupten, um eine, sondern um zwei verschiedene Arten handelt. In ihren jeweiligen Sommerverbreitungs-
gebieten haben sich die Populationen der ursprünglich als Weißkopfmöwen bezeichneten Art offensichtlich so weit voneinander
entfernt, dass aus einer Art zwei geworden sind. Deutlich wird dies,
wenn beide Formen im Winter in einem Gebiet zusammentreffen
und sich nicht mehr miteinander verständigen können, sodass es
zwischen ihnen nicht mehr zur Fortpflanzung kommt.

Sowohl die Steppen- als auch die Mittelmeermöwen tauchen im
Winter in Berlin auf. Dann kann folgendes Szenario entstehen: An
einer zentralen Stelle eines Müllbergs streckt eine Möwe ihren Hals
nach vorn, hebt gleichzeitig ihre gespreizten Flügel weit über den
Rücken, wirft dann den Kopf senkrecht auf, senkt die Flügel ab und

jauchzt in einer Stakkato-Rufreihe »ääääh-hähähä«. Darauf bekommt sie von einer anderen nur ein leiseres »wöh« oder »hwauh« zur Antwort. Das war dann ein Streit zwischen einer Steppen- und einer Mittelmeermöwe. Er macht die Unterschiede im Verhalten wie im Wesen der beiden Möwenarten deutlich.

Es kommen aber nicht nur Möwen nach Berlin, die die Stadt angesteuert haben. Winde, die so stark wehen, dass sie Vögel von ihrer Route abbringen und sie manchmal sogar auf ihnen unbekannte Kontinente tragen, bringen immer wieder auch vereinzelte unfreiwillige Gäste hierher. Was mit den verdrifteten Vögeln geschieht und wie sie sich in der Fremde verhalten, interessiert nicht nur die Forschung. Hobbyornithologen registrieren jede Abweichung vom gewöhnlichen Bestand. Raritäten oder Irrgäste, wie die Verwehten auch heißen, führen sofort zu hektischen Aktivitäten unter den Vogelliebhabern. Es wird telefoniert, E-Mails werden verschickt. In London soll es betuchte Bird Watcher geben, die sofort alles stehen und liegen lassen, den Hubschrauber anwerfen und kurz darauf schon auf den Äußeren Hebriden einer amerikanischen Ringschnabelente hinterherstolpern.

Auch in Deutschland gibt es engagierte Vogelbeobachter. So sah man im Herbst 2001 an der Greenwichpromenade am Tegeler See bereits kurze Zeit nachdem – erstmalig in Berlin – die Anwesenheit einer Schwalbenmöwe gemeldet worden war, eine kleine Gruppe von Ornithologen auftauchen, die mit Ferngläsern, Fotoapparaten und Bestimmungsbüchern ausgestattet waren. Die Möwe war ein dankbares Objekt: Da sie in ihren Brutgebieten in der arktischen Tundra Amerikas und in Sibirien selten mit Menschen in Kontakt kommt und auch nicht bejagt wird, war sie weder scheu noch misstrauisch. Sie hielt sich die ganze Zeit über nah am Ufer zwischen den Booten in der Hafenanlage auf. Manchmal flog sie auf. Mit jedem Flügelschlag wurde dabei der Körper etwas angehoben, um danach wieder abzufallen. Das den Schwalben ähnliche Flugbild gab dieser Möwenart ihren Namen.

Schwalbenmöwen bilden kleinere Kolonien als andere Möwen. Selten findet man mehr als zwölf Paare auf engem Raum an der Küste, in unmittelbarer Nähe des Wassers beisammen. Dort legen sie in einer einfachen Mulde am Boden, in überschaubarer, niedriger Vegetation, ihre Eier. Wenn im Juli die Jungen schlüpfen, werden sie noch etwa vier Wochen von den Eltern betreut. Danach lösen sich die Familien auf und ziehen auf das Meer zurück. Schwalbenmöwen verbringen die meiste Zeit des Jahres auf dem Wasser und ernähren sich von kleineren Fischen. Die Fische sind auch der Grund für ihre langen Wanderungen. Ihre Winterquartiere haben die Langstreckenzieher in zwei weit auseinander liegenden Arealen im Atlantik und im Pazifik. Das vor Südafrika, im Aufquellgebiet des kalten Benguelastromes gelegene Zentrum des Winterquartiers im Atlantik erreichen die Schwalbenmöwen normalerweise, ohne europäisches Festland überqueren zu müssen. Sie fliegen dabei in Begleitung von zweimal im Jahr zwischen dem Nord- und Südpol hin- und herziehenden Küstenseeschwalben. An der Südküste der Bretagne geraten sie allerdings manchmal in auflandige Winde, denen sie sich nicht widersetzen können. Von den Stürmen irgendwo abgesetzte Schwalbenmöwen suchen dann in der Regel die Nähe etwa gleich großer anderer Vögel. Als die Schwalbenmöwe in Tegel über das Wasser glitt, folgte sie, in gemessenem Abstand, immer den Bewegungen der dort im Winter üblicherweise ansässigen Lachmöwen. Eine dauerhafte Überlebensperspektive bietet der falsche Ort allerdings meist nicht, schon allein weil dort keine Artgenossen zu finden sind.

Wie aber kommt die Schwalbenmöwe zurück auf den richtigen Weg? Wahrscheinlich kann jeder Vogel an jedem Ort, an den er verfrachtet wird, durch eine Initialorientierung an den lokalen Schwerkraftverhältnissen seine Position im Verhältnis zu seinem Herkunftsort bestimmen. Schwarzschnabel-Sturmtaucher, die im Rahmen eines Experiments von England in die Vereinigten Staaten gebracht worden waren, kehrten nach zwölf Tagen über eine Strecke von 4000 Kilometern an ihren Ausgangsort zurück. Von den aus Berlin in dunklen Kisten nach Zürich beförderten Lachmöwen wurde bereits Ähnliches erzählt. Auch die Schwalbenmöwe in Tegel war nach zwei Wochen wieder verschwunden. Ob sie allerdings auf den Atlantik zurückfand, weiß man nicht. Da Vögel nur zurück zu ihrem Ausgangspunkt manövrieren können und nicht zum Zielort, nimmt man an, dass vielen die Motivation fehlt, dahin zurückzufliegen, von wo aus sie wegen unerträglicher Witterung abgereist sind. Wahrscheinlich gehen viele der von ihren Zugwegen abgekommenen Vögel in der fremden Umgebung verloren, entweder weil sie aus Erschöpfung und Vereinsamung sterben, oder weil sie von ihnen unbekannten Raubfeinden gefressen werden.

Unter den Zuggästen, die die kalte Jahreszeit in Berlin verbringen, sind nicht nur Zugänge zu verzeichnen. In den Bäumen im Tiergarten ist es in den letzten Wintern spürbar ruhiger geworden. Noch vor drei oder vier Jahren war der ohrenbetäubende Lärm für Passanten zuweilen kaum auszuhalten. Die Krähen zeigten nämlich nicht nur ihre Flugspiele, sie krächzten auch unaufhörlich mit tiefen, heiseren »achg«- und »kräh«-Gesängen durcheinander. Wenn mit dem schwindenden Tageslicht aus allen Himmelsrichtungen in mal steil aufsteigenden, mal seitlich wegbrechenden oder abrupt abfallenden riesigen Schwarmwellen große schwarze Vögel über den blattlosen Ästen kreisten, hatte das etwas Bedrohliches. Zehntausende russischer und polnischer Saatkrähen und Dohlen versammelten sich jeden Abend an dem zentralen Schlafplatz ihres Berliner Winterquartiers, zu dem sie sich über Jahrzehnte so standorttreu verhielten wie zu ihren Brutkolonien im Leningrader Gebiet. Zur Zeit aber findet man im Herbst und Winter im Tiergarten nur noch vereinzelte Paare schwarz-grauer Nebelkrähen, die das ganze Jahr über dort ansässig sind. Wohin aber die Schwärme osteuropäischer Krähenvögel nachts ziehen, die in den vergangenen Jahren zum Schlafen hierher kamen, ist ein Rätsel. In Berlin überwintern viele von ihnen nämlich nach wie vor. Das lässt sich aus den

Krähenansammlungen schließen, die tagsüber an Orten wie dem Tierpark in Friedrichsfelde oder am *Klinikum Benjamin Franklin* in Steglitz nach Nahrung suchen. Wer gegen 16 Uhr am Bahnhof Zoo eintrifft, kann auch dort die Sammlungsbewegungen der Krähen beobachten. Aus westlicher Richtung kommend, fliegen sie in breiten Linien, schrauben sich über dem Zoowald konzentrisch hoch und herunter, rasten kurz und ziehen dann, dem Landwehrkanal folgend, an der Nationalgalerie vorbei, um am Potsdamer Platz mit den neuen Häusern an Höhe zu gewinnen. Dort verliert sich ihre Spur im Dunkelgrau des Berliner Abendhimmels. Man nehme an, so der Berliner Ornithologe Klaus Witt, dass die Krähen neuerdings im Ostteil der Stadt schlafen.

Erhärtet wurde diese Vermutung im Dezember 2003 durch einige tausend Krähen, die am späten Nachmittag plötzlich am Hackeschen Markt über und auf den Dächern auftauchten. Vor den Hackeschen Höfen schien die im hektischen Weihnachtseinkaufsverkehr ohnehin schon große Anspannung der Menschen dadurch noch zuzunehmen: Passanten blieben stehen, schauten nach oben in die krähenden schwarzen Massen, stießen mit anderen zusammen, die ebenfalls ihren Blick zum Himmel gerichtet hatten. Mal landeten die Krähen auf den Dächern, dicht an dicht in einer Reihe, um im nächsten Moment schon wieder von den Giebeln aufzufliegen und über den Straßenschluchten zu kreisen. Eine halbe Stunde dauerte das unheimliche Schauspiel, dann waren die Vögel verschwunden, mit unbekanntem Ziel. Offensichtlich sind Tausende von Krähen selbst in Berlin nachts nicht so leicht zu finden.

Jedoch sei die Zahl der Winterkrähen in der Stadt insgesamt zurückgegangen, meint Klaus Witt. Anfragen bei polnischen Kollegen hätten ergeben, dass die dortigen Bestände nicht abgenommen haben. Das deutet daraufhin, dass die östlichen Saatkrähen entweder erst gar nicht aufgebrochen sind oder aber ihre Zugwege verkürzt haben. Besonders die Vögel aus der riesigen russischen Ebene im Dreieck St. Petersburg, Moskau und Wologda, bisher klassische

Zugvögel, die regelmäßig auch bis Berlin flogen, könnten bereits in Westrussland oder Polen günstige Bedingungen für ein Winterquartier angetroffen haben.

Über die Gründe für diese Verhaltensänderung kann man bislang nur spekulieren. Es ist zwar nicht ungewöhnlich, dass Zugvögel ihre Routen und ihr Zugverhalten ändern. Solche gravierenden Wechsel im Jahresrhythmus der Tiere folgen aber immer größeren Umweltveränderungen. Im Fall der Krähen die globale Erwärmung des Klimas als eine Ursache in Betracht zu ziehen, liegt nahe. Der Rück-

Eine junge und eine ausgewachsene Saatkrähe. Gut zu sehen ist der helle federlose Schnabelgrund der ausgewachsenen Krähe. Bei der jüngeren ist der Schnabel noch befedert.

gang der Wintergäste in Berlin wäre demnach ein sichtbarer Ausdruck der wärmer werdenden Erdatmosphäre.

Die allgemeine Klimaerwärmung hat noch andere Konsequenzen. Die Tiere gewöhnen sich an die höheren Temperaturen, und wird es dann trotzdem einmal sehr kalt, wird es für den Organismus schwierig, seine normalen Funktionen im Gleichgewicht zu halten. Die Kälte entzieht dem Körper ständig Wärme, die nur mit erheblichem Energieaufwand wieder zugeführt werden kann. Kleine Vögel wie Zaunkönige sind dann besonders gefährdet. Während extremer Kälteperioden gehen in fast allen Gebieten Europas viele Individuen ihrer Populationen zugrunde. Wie sie mit den unberechenbaren Kälteeinbrüchen umgehen, ist in gewisser Weise exemplarisch. Die tag- und dämmerungsaktiven Zaunkönige sind Teilzieher. Ob sie weite Strecken zurücklegen, nur ins Nachbardorf fliegen oder in Baum- oder Steinhöhlen in der Vorstadt wärmende Schlafgemeinschaften von bis zu 20 Tieren bilden, hängt von den klimatischen Bedingungen ab. Aus Zugpopulationen können innerhalb weniger Generationen Standvögel werden und umgekehrt. In Liechtenstein und der Schweiz können beide Formen nebeneinander auftreten. In richtigen Lawinen-Wintern verlassen allerdings alle Zaunkönige das Land. Manche fliegen bis Ägypten, wo sie dem harten Winter zwar entkommen, doch längst nicht in Sicherheit sind. An der gesamten nordafrikanischen Küste werden Zugvögel mit Netzen oder Sitzstangen, die mit Klebstoff beschmiert sind, gefangen. Unterschiede zwischen großen und kleinen Vögeln macht man dabei nicht – alle Arten werden dort gegessen.

In Berlin treffen aus Skandinavien und Russland kommende Zugzaunkönige und ständig in der Stadt siedelnde Individuen im Kreuzbergpark oder im Friedrichsfelder Tierpark aufeinander. An einem sehr kalten Wintertag abends gegen zehn Uhr war am Gustav-Mahler-Platz in Dahlem sehr deutlich der Gesang eines Zaunkönigs zu hören. Sein Trillern, in schmetternden Touren vorgetragen, beschallte den ganzen Park. Das war in dieser Intensität irritierend, denn dass ein Vogel zu dieser Jahres- und Tageszeit noch die Kraft zum Singen hat, einer energetisch aufwändigen und zudem völlig nutzlosen Tätigkeit, war eigentlich nicht zu erwarten. Vielleicht hatte der Zaunkönig jedoch ganz in der Nähe ein Schlupfloch zu einem Dachboden gefunden, in dem er sich neben einem Schornstein aufwärmen und in Ruhe schlafen konnte.

Ihre geringe Größe hindert Zaunkönige nicht daran, ihre Gesänge zu einer solchen Lautstärke hochzupeitschen, wie es sonst kaum eine europäische Vogelart schafft. Wie sie das machen, weiß man nicht. Sicher ist nur, dass sie generell eher zur Geschäftigkeit neigen. So sind ihre Lieder tatsächlich fast das ganze Jahr über zu hören. Ihre höchste Intensität und Heftigkeit erreichen sie für gewöhnlich von März bis Juni. Dann besetzen die Männchen ihre Territorien und beginnen, aus Halmen und Blättern kunstvolle Nester zu flechten, manchmal bis zu zwölf Stück in verschiedensten Fertigkeitsgraden, vom Rohbau bis zur rundum verschlossenen Kugel mit einem Seiteneingang.

Der weit reichende Gesang der Zaunkönighähne ist nur die Ouvertüre zum eigentlichen Werberitual. Er zeigt den Weibchen an, wo ein Männchen sitzt. Fliegt ein Weibchen daraufhin in das Gebiet eines Zaunkönighahns, singt dieser zunächst leiser. Er stellt sich vor sein Nest und lädt das Weibchen nachdrücklich zur Besichtigung ein. Dabei lässt er seine Flügel schlaff hängen und sein sonst variantenreiches Lied schmilzt auf einen monotonen, lang gezogenen Triller zusammen.

Ob es zur Paarung kommt, hängt einzig davon ab, ob dem Weibchen das Nest gefällt. Da kann es natürlich nützlich sein, wenn der Hahn gleich mehrere anbieten kann. Den Innenausbau des Nestes sowie die Brut und Aufzucht der Jungen wird er dafür meistens dem Weibchen überlassen. Weil die Zaunkönighennen weder partner- noch reviertreu sind, balzt das Männchen auch nach der Paarung weiterhin jedes vorbeikommende Weibchen an und versucht, es zur Brut zu locken. Zu mehreren Partnerinnen in einer Saison bringt er es aber nur dann, wenn sein Revier auch genug Nahrung für mehrere Hennen und deren Nachwuchs bietet. Im Winter sieht man dann die Zaunkönigweibchen und ihre Nachkommen in kleinen Gruppen durch die kahlen Äste huschen. In Berlin sind sie mittlerweile in jedem Park und in den Bäumen an den Ufern von Flüssen und Kanälen anzutreffen.

Die den Winter über eisfreien Fließgewässer der Stadt sind nicht nur für Zaunkönige ein beliebtes Winterquartier. Auf dem Landwehrkanal schräg gegenüber dem Urbankrankenhaus saß an einem Wintertag eine Ratte auf einem schwimmenden aufgequollenen Brotlaib und fraß in aller Ruhe. Dass sie bislang unbehelligt geblieben war, musste am fürchterlichen Schneematsch-Sturmwetter gelegen haben. Es dauerte trotzdem nicht lange, bis einige Lachmöwen den »Braten« rochen und schon durch ihr Anfliegen die Ratte zum Abtauchen nötigten. Teils im Flug, teils daneben schwimmend hatten sie binnen kürzester Zeit das Brot verschlungen. Den dazukommenden Stockenten blieben nur noch ein paar Restkrümel.

Die eigentliche Sensation aber hatte sich unscheinbar im Hintergrund gehalten. »Der Hybrid ist wieder da!«, rief begeistert der Ornithologe Roger Mundry. Vor der Baerwaldbrücke trieb eine Ente auf dem Wasser, die die hellgrauen Flanken und den schwarzen Brustring der Tafelente aufwies, während ihr fuchsroter Kopf mit dem roten Schnabel von der Kolbenente stammte. Solche Mischlinge kommen in der freien Natur immer wieder vor und sind bei Wasservögeln in den meisten Fällen auch fruchtbar – ein sichtbarer Beleg für die Grenzen des Artbegriffs.

Berlin ist im Winter vielleicht die europäische Stadt mit den meisten Entengästen, sowohl was die Arten- als auch die Individuenzahl betrifft. Die Mittellage der Stadt wie auch die vielen stehenden und fließenden Gewässer sind mit Sicherheit ein Grund dafür. Unter der Brücke auf der Friedrichstraße, Ecke Schiffbauerdamm sah man an einem Wintertag des Jahres 2003 ein Pärchen Reiherenten auf Nahrungssuche. Reiherenten gehören, ebenso wie Tafelenten, zu den Tauchenten. Das ermöglicht ihnen die Futtersuche in tiefen Gewässern ohne flache Uferregionen. Ihre Körper sind dementsprechend schwerer als die solcher Enten, die nur gründeln können. Wenn Tauchenten aufgescheucht werden und wegfliegen wollen, können sie allerdings nicht aus dem Stand starten. Sie müssen erst einige Meter flügelschlagend über das Wasser trippeln. Die an Brust, Rücken und Hinterende schwarzen und am Bauch weißen Reiherenten vergesellschaften sich im Winter oft mit den grauen Tafelenten und bilden dann größere Gruppen an den Parkteichen und Flüssen der Stadt. Im Winter 2003/2004 konnte man am Lietzensee Ansammlungen von an die 100 Enten beobachten. Nach Auskunft von Stadtornithologen waren noch nie zuvor so viele Reiherenten in Berlin. Die kleinen schwarz-weißen Vögel mit der auffälligen Federhaube am Hinterkopf scheinen die Stadt nicht nur im Winter zu mögen; immer mehr Paare bleiben das ganze Jahr über und brüten auch in Berlin.

An der Lieper Bucht an der Havel im Grunewald versammeln sich im Winter regelmäßig zahlreiche Stockenten und Schwäne. Sie

Ein Stockentenweibchen mit Küken.

kommen so nah an die Besucher heran, dass diese sogar die Fuß-
ringe ablesen können, die die Ornithologen den Vögeln angelegt
haben, um deren Zugwege verfolgen können. Es kommt unter den
Stockentenerpeln dort schon im Dezember zu heftigen Auseinandersetzungen. Die Erpel, die nach dem Gefiederwechsel im August und September wieder in kräftigen Farben leuchten, beginnen
bereits jetzt mit den Kämpfen um die Weibchen. Dabei jagen sie
sich über das Wasser, bespringen sich und tauchen sich gegenseitig
unter. Das ist aber noch gar nichts im Vergleich zu den Kämpfen, die
sich besonders die Jungerpel im Frühjahr liefern, wenn es ihnen
nicht gelungen ist, ein Entenweibchen für sich zu gewinnen, und sie
zu wahren Testosterontyrannen werden können.

Einige Meter weiter in Richtung Grunewaldturm sah man plötzlich einen weißen flaumigen Puschel im Wasser abtauchen. Das
wird ein Exemplar der sehr seltenen und sehr scheuen Zwerg-
taucher gewesen sein. Diese Verwandten des Haubentauchers erinnern von hinten an einen mit Plüsch besetzten Hausschuh. Die
Havel ist in diesem Teil Berlins auch wegen der Fütterungen durch
die Winterspaziergänger zu einem Rastplatz vieler Vögel geworden.
Selbst Fischadler gehören dort mittlerweile zum üblichen Winter-
personal.

Auf den Charlottenburger Schlossgewässern tummeln sich im
Herbst und Winter ständig einige Mandarinenten. Diese mittlerweile ganzjährig an der Unteren Havel, im Tiergarten und im Volkspark Rehberge lebenden, ursprünglich in China beheimateten
Enten sorgten noch vor einigen Jahren unter Ornithologen für hef-
tige Diskussionen. Die aus englischen Parkzuchten entwichenen
Höhlenbrüter würden den einheimischen Vögeln das Habitat streitig machen und sie verdrängen, wurde gegen sie vorgebracht. Nachdem sich aber herumgesprochen hat, dass die Mandarinenten in
China wegen der fortschreitenden Zerstörung ihrer Lebensräume
vom Aussterben bedroht sind, sind die Vögel inzwischen in der
Stadt wohlgelitten.

Die politischen Veränderungen in Berlin gingen auch an den hier brütenden und überwinternden Wasservögeln nicht spurlos vorbei. Gut belegt ist das für den Teltowkanal. Der 1906 eröffnete Kanal verbindet die Havel bei Potsdam mit der Spree bei Köpenick. Die Sperrung des Kanals für die Schifffahrt nach 1945 hatte eine weit gehende Verschlammung und damit die Entwicklung einer reichen Schlammfauna zur Folge. Davon profitierten viele Vögel, bis Mitte der achtziger Jahre der Kanal für die Schifffahrt wiedereröffnet wurde. Vor allem das nicht einmal von Grenzbooten gestörte Gebiet in Steglitz und Zehlendorf war zu einem der bedeutendsten Rast- und Brutplätze für 37 Arten geworden. In kalten Wintern trafen sich hier Kormorane, Haubentaucher, Waldwasserläufer und seltene Entenarten wie Samtenten und die durch ihren Hakenschnabel auffallenden Gänsesäger. Das Artenaufkommen ging nach der Wiederbeschiffung deutlich zurück, was in diesem Fall paradoxerweise

Die Zeichnung versammelt Erpel der Stockente, Pfeifente, Schnatterente, Mandarinente und Brautente im Prachtkleid. Der Mandarinentenerpel ist an den aufgestellten »Flügelsegeln« gut zu erkennen.

115

auch mit der seitdem verbesserten Wasserqualität des Kanals in Zusammenhang gebracht werden kann. Die Wasservögel haben am Kanal deutlich andere Ansprüche, als es sich die Menschen vorstellen. Ein Phänomen, von dem auch die Lachmöwen ein Lied singen können. Sie werden sich über die fortschreitende Schließung der Mülldeponien in und um Berlin kaum freuen.

Im und am Wasser

Wer einmal, zum Beispiel weil ihm das Benzin ausgegangen ist, an einer Autobahn zu Fuß einige hundert Meter zur nächsten Raststätte entlanggehen muss, kann sich angesichts der Kadaver auf der Fahrbahn einen Überblick über den Reichtum der örtlichen Fauna verschaffen: Igel und Hasen mit aus dem Bauch quellenden Gedärmen, kopflose Amseln, zu dünnen Scheiben platt gefahrene Kröten. Straßen zu überqueren kann für Tiere tödlich sein. Was sollen sie aber tun, wenn sie auf die andere Seite gelangen müssen? Wenn Hunger oder der Fortpflanzungstrieb sie drängen, einen im Trockenen gelegenen Steinhaufen zu verlassen, um zu einem Fluss oder Teich zu wandern, und dazwischen nun einmal eine Straße liegt?

Im Frühjahr, wenn es wieder wärmer wird, erwachen Kröten, Frösche und Molche aus ihrer Winterruhe. Als wechselwarme Organismen, die ihre Körpertemperatur nicht unabhängig von der Außentemperatur stabil halten können, haben sie sich im Herbst frostfreie Schlupfwinkel in Erdlöchern, Stein- oder Laubhaufen gesucht. In der Winterzeit waren ihre Lebensäußerungen auf ein Minimum reduziert. Jetzt aber, im Frühling, lösen sich die Tiere aus der Kältestarre und der wieder angeworfene Stoffwechsel treibt sie aus ihren Verstecken. Um die Gewässer zu erreichen, in denen sie nicht nur Nahrung suchen, sondern sich auch fortpflanzen, müssen Kröten, Frösche und Molche – zusammengenommen auch als Amphibien oder Lurche bezeichnet – teilweise lange Wanderstrecken zurücklegen. In den Kulturlandschaften Europas, wo Straßennetze ihre Lebensräume immer dichter durchziehen, sind sie beim Überqueren der Fahrwege ständig gefährdet. Dass ihre Populationen trotzdem fortbestehen, scheint ein Widerspruch dazu zu sein.

In Berlin sind zwölf verschiedene Amphibienarten nachgewiesen, und einige von ihnen kommen auf Bestandszahlen, die selbst optimistische Ökologen dem Stadtraum niemals zugetraut hätten. Das ist auch speziellen Schutzmaßnahmen zu verdanken. An der Havelchaussee im Grunewald, am Treptower Park oder an anderen Wegen und Straßen in der Nähe bekannter Laichgewässer wurden von Naturschützern Amphibienzäune errichtet, die im Frühjahr verhindern sollen, dass die aus der Winterruhe erwachten Tiere unter die Räder geraten. Der am Straßenrand angebrachte, etwa einen Meter hohe engmaschige Zaun hindert die Lurche am Überqueren der Straße, zwingt sie, an ihm entlangzulaufen, bis sie in einen in die Erde gelassenen Eimer fallen, aus dem sie selbständig weder herauskriechen noch herausspringen können. Anschließend werden die Amphibien – jedes Frühjahr in Berlin mehr als 20 000 – von freiwilligen Helfern, unter denen sich regelmäßig auch ganze Schulklassen befinden, auf die andere Straßenseite getragen, von wo sie ihren Weg zum Wasser unbeschadet fortsetzen können. Die Betreuung der Amphibienschutzzäune ist allerdings sehr aufwändig; die Eimer an den Zäunen müssen täglich kontrolliert und geleert werden, damit die in ihnen gefangenen Tiere nicht austrocknen oder verhungern. Dieser Aufwand ist bislang nicht ganzjährig zu leisten, sodass die Zäune meist im April oder Mai wieder abgebaut werden; leider sehr zum Nachteil der jungen Erdkröten *(Bufo bufo)*, die im Sommer häufig die Wege von Radfahrern und Spaziergängern kreuzen. Sie leben dadurch gefährlicher als ihre Eltern im Frühjahr.

Nach der gelungenen Metamorphose von der im Wasser lebenden Larve zur landgängigen Kröte sehen die kurzbeinigen, untersetzten jungen Lurche mit der warzigen Haut genauso aus wie die erwachsenen Tiere. Sie wirken nur nicht ganz so plump und sind leichter zu übersehen als ihre älteren Artgenossen. Wenn sie ihre Geburtsgewässer verlassen haben, zerstreuen sie sich in alle Richtungen. Nur an der Ramsdorfer Straße in Köpenick können die Jungkröten sicher sein, von menschlichen Helfern über die Fahrbahn getragen zu werden; hier bleibt der Amphibienzaun auch im Spätsommer und im Herbst aufgestellt.

Damit die Frösche und Kröten die Straße zwischen ihrem Laichplatz und dem Winterquartier das ganze Jahr über gefahrlos überqueren können, wurde an der Schönerlinder Chaussee in Berlin-Buch ein Amphibienleitsystem aus Spezialbeton errichtet. Es wurde auf einer Länge von 675 Metern zu beiden Seiten der Chaussee in die Erde gebracht und weist insgesamt 15 Tunnel auf. Laufen die Lurche auf die Straße zu, werden sie über eine Art Trichtersystem auf die Eingänge der Tunnel zugeleitet, sodass sie die Fahrbahn unterirdisch passieren können.

Welches Laichgewässer Erdkröten im Frühjahr aufsuchen, nachdem sie im Alter von zwei bis vier Jahren geschlechtsreif geworden sind, hängt nicht davon ab, wo sie selbst geschlüpft sind. Ihre Ortsprägung setzt erst mit der ersten Paarung ein. Mit dem Gewässer, in dem sie sich erstmals paaren, bleiben sie ihr Leben lang verbunden. Gelänge es, in städtischen Gebieten Erdkröten vor der ersten Paarung in Gewässer zu setzen, die sie erreichen können, ohne Straßen überqueren zu müssen, so wären sie nachhaltig geschützt. Abgesehen davon finden sich Erdkröten in Städten nämlich hervorragend zurecht. Ihr Lebenszyklus prädestiniert sie für ein Leben in Parks, Gärten und auf Friedhöfen. Auch in der Umgebung stillgelegter, betonierter Freibäder finden sie geeignete Verstecke, in denen sie tagsüber ungestört ruhen können. Nicht selten dringen sie auch in Keller oder Schuppen ein, die ihnen am Tag Schutz bieten.

Die Aktivität der Erdkröten ist zwar temperaturabhängig, doch vermögen sie früher im Jahr ihre Kraft zu entfalten als die Wärme liebenden Arten unter den Amphibien. Schon wenn die Temperaturen im Frühjahr auf fünf Grad Celsius steigen, beginnen Erdkröten ihre Wanderungen zu den Laichgewässern. An fast jedem Gewässer Berlins kann es dann passieren, dass in der Abendzeit eine kleine, fünf bis acht Zentimeter lange, schlanke, warzige Kröte mit einem Satz einem Spaziergänger auf den Schuh springt. Mit den kräftigen, muskulösen Unterarmen klammert sie sich so fest, dass sie kaum wieder vom Schuh abzubekommen ist. Die wendigen, paarungswilligen Männchen springen bereits auf dem Weg zum Wasser alles an, was sich bewegt. So kann es geschehen, dass nur einen Meter neben dem Krötenmann auf dem Schuh ein dickes, fast doppelt so großes, plump wirkendes Erdkrötenweibchen sitzt und in seiner Ruhe von dem hektischen Springer überhaupt nicht bemerkt worden ist. Die Bewegung löst den Klammerdrang der Männchen aus, und es soll sogar vorkommen, dass Krötenmännchen über ruhende Weibchen einfach hinwegkriechen, ohne sich an ihnen festzuklammern. Weibchen aber, die sich bewegen, bleiben nicht lange allein. Oft sitzen schon in den Eimern an den Fangzäunen die kleineren Männchen fest verklammert auf ihnen.

In den Laichgewässern kommt der Konkurrenzkampf um die Befruchtung der Eier der Weibchen zur vollen Entfaltung. Bei Erdkröten gibt es aus bislang nicht ganz geklärten Gründen immer mehr Männchen als Weibchen. Im Wasser attackieren die noch nicht verpaarten Männchen dann sogar bereits bestehende Paare. In der kurzen Paarungszeit findet man in den Parkteichen häufig Weibchen von mehreren – in Extremfällen bis zu zehn – Männchen umklammert. Solche »Krötenklumpen« sind in klaren Gewässern sonnenbeschienener Schilfregionen nicht zu übersehen.

Die Sonnenwärme treibt die Körperprozesse der wechelwarmen Tiere an, und es reichen meist schon ein oder zwei sonnige Tage im Frühjahr, um das Laichgeschäft bei den Weibchen einzuleiten. Innerhalb einer Woche legen dann fast alle Weibchen ihre bis zu 8000 Eier in zwei- bis vierreihig angeordneten Doppelschnüren an Schilfstängeln ab. Die bis zu fünf Meter langen Laichschnüre quellen im Wasser zu einer glasig-milchigen Gallertmasse auf, die wie Schleim um die Wasserpflanzen und Schilfstängel in den Teichen liegt. Da der Laich mit für Fische schlecht schmeckenden Schutzstoffen versehen ist, ist die Schlupfrate bei Erdkröten sehr hoch. Nach etwa zwei Wochen schlüpfen aus den schwarzen Eiern in der

Gallerte die Larven. Sie bleiben während der gesamten Kaulquappenzeit in riesigen Schwärmen zusammen. Ihre Bewegungen sind stets synchron aufeinander abgestimmt: In schwarzen Bändern winden sie sich langsam und harmonisch durch den Teich; im Kreis auf dem Rücken schwimmend, sieht man sie an der Wasseroberfläche fressen. Manchmal wirken die auf- und abwogenden Prozessionen, als würden sie von jemandem dirigiert. Dabei bleiben die Schwärme in der Regel völlig unbeeindruckt vom Geschehen am Ufer. Wenn in den Teichen im Tiergarten ein menschlicher Schatten in ihr Blickfeld gerät, ändern sie ihr Verhalten nicht. Sie fliehen nicht, wie es manche Fischschwärme tun, sie rücken nicht einmal näher zusammen. Stundenlang lassen sie sich an Sonnentagen bei ihrem Treiben im Wasser beobachten, ohne dass der Betrachter je das Gefühl hätte zu stören.

Abhängig von der Wetterlage werden nach zwei bis drei Monaten aus den Larven die kleinen Kröten. Da auch diese Metamorphose innerhalb weniger Tage bei fast allen Larven gleichzeitig vollzogen wird, kommt es in dieser Zeit zu einer den Frühjahrswanderungen vergleichbaren Krötenmassenbewegung, nur diesmal aus den Gewässern heraus in die Umgebung. Mitunter treffen die Jungkröten dann auf die Elterngeneration, die gleich nach dem Laichgeschäft im Frühjahr wieder ans Land zurückgekehrt ist und sich über die Stadt verteilt hat. Am Tag ruhen die Tiere, versteckt in Erdhöhlen, Steinhaufen, unter Baumwurzeln oder in den Kellern der Städte, während sie nachts behäbig schreitend und immer wieder kurz hüpfend auf die Jagd nach Käfern, Ameisen, Schnecken und Fliegen gehen.

Auf der Suche nach ihren Lebensräumen im Anschluss an die Laichzeit sind Erdkröten wenig wählerisch. Deshalb konnte man selbst am Chamissoplatz in Kreuzberg, mitten in einer gewässerarmen Stadtgegend also, an einem Sommerabend gegen 22 Uhr einer *Bufo bufo* begegnen. Scheinbar reglos saß sie auf dem Bürgersteig, bis sie sich schließlich leicht zur Seite drehte, einige Sekunden geradeaus auf eine dicke Fliege starrte, um sie dann mit einem Zungenschlag in ihren Magen zu befördern. Da Erdkröten, abgesehen von der kurzen Laichzeit, vom Wasser unabhängig sind, haben sie es in Berlin geschafft, die gesamte Innenstadt zu besiedeln.

Das gilt auch für die kleineren und wendigeren Kreuzkröten (*Bufo calamita*). Im Süden Berlins sind die rätschenden »ärrr-ärrr-ärrr«-Rufe, mit denen die Männchen die Weibchen locken, bis in den Sommer hinein und bei günstigem Wind kilometerweit zu hören. Kreuzkröten haben eine im Vergleich zu Erdkröten erheblich längere Paarungszeit und sind zudem nicht einmal während einer Saison an ein bestimmtes Laichgewässer gebunden. Sie mögen lockere Böden, können aber auch kurzzeitig in Kiesgruben oder Parks leben. Dass sie ausgesprochen wanderfreudig sind, prädestiniert sie zu Erstbesiedlern neu entstandener Gewässer.

Für ihren Fortbestand in der Stadt können selbst Großbaustellen wie die am Lehrter Stadtbahnhof, zukünftig Berlin-Hauptbahnhof, günstig sein. In den matschigen Spurrillen, die die Lastwagen hinterlassen hatten, lief eine Kreuzkröte zwischen den hohen Kränen entlang in Richtung Kanal, und zwar in einem Tempo, das man Kröten kaum zugetraut hätte. Auch die Unebenheit des Baustellengrunds schien ihr wenig auszumachen. Ohne eine Verschnaufpause einzulegen, gelangte sie binnen weniger Minuten ans Ufer, wo sie dann verschwand. Die Bestimmung des kleinen warzigen Baustellengastes war trotz seiner erstaunlichen Geschwindigkeit einfach, denn Kreuzkröten sind auffällig gezeichnet: Der längs verlaufende gelbe Strich, der den Rücken der Tiere mittig teilt und ihnen den Namen gab, ließ keinen Zweifel entstehen. Obwohl sie wesentlich seltener sind als Erdkröten, ist die Wahrscheinlichkeit, Kreuzkröten in der Stadt zu Gesicht zu bekommen, relativ hoch. Im Gegensatz zu den Erdkröten jagen sie auch tagsüber. Bei warmen Temperaturen kann man sie dabei beobachten, wie sie an sonnigen Plätzen sitzen und auf Fliegen und Ameisen lauern. Kreuzkröten können nicht springen oder hüpfen, sondern mit ihren merkwürdig kurzen Beinen nur rennen, das allerdings ungwöhnlich schnell. Neue Gewässer jeder Art und Form, vom Baustellengraben bis zur Spurrille, machen sie rasch ausfindig und nutzen sie zum Laichen.

Das haben sie mit der Wechselkröte *(Bufo viridis)* gemein. Nach der letzten Eiszeit aus den Steppen Südosteuropas eingewandert, gilt sie als »totaler Vagabund«. Wechselkröten sind weder auf bestimmte Gewässer geprägt, an die sie immer wieder zurückkehren müssen, noch stellen sie besondere Ansprüche bei der Suche. Wie die Kreuzkröten können sie als Laichgewässer auch temporäre Pfützen nutzen. Unwichtig ist ihnen außerdem, ob das Wasser nährstoffarm oder verschmutzt ist, nur täglicher Sonneneinstrahlung muss es ausgesetzt sein.

Die Abbildung versammelt von oben nach unten Erd-, Wechsel- und Kreuzkröte, jeweils auf Futter lauernd.

Wenn Wechselkröten in denselben Tümpeln wie Kreuzkröten leben, kommt es zwischen beiden Arten leicht zu Verwechselungen. Das liegt am wenig differenzierten Paarungsdrang der Männchen. Allerdings sind die Rufe artspezifisch und auch altersabhängig, da größere, ältere Männchen längere Stimmbänder haben und tiefere Töne quaken können. Durch die Tonhöhe sind die rivalisierenden Männchen in der Lage, die Kraft der Gegner einzuschätzen. Während sie paarungsbereit rufen, umklammern sie im Wasser fast alles, was sich greifen lässt – schwimmende Gegenstände, tote Fische oder eben auch Kröten aller Art. Sie lassen nur los, wenn der Umklammerte in schneller Folge ruft, und das tun nur die Krötenmännchen, nicht aber die Weibchen. Bastardierungen zwischen Krötenformen sind aufgrund dieses blinden Begattungsdrangs relativ häufig, meistens aber sind diese nur begrenzt fruchtbar.

Wie alle anderen wandernden Tiere der Stadt, die vorwiegend nachts aktiv sind, lassen sich die Wechselkröten normalerweise nur über ihre unverwechselbaren arteigenen Rufe verorten. Wer sie einmal gehört hat, wird sie immer wieder erkennen; ihre anhaltenden, hohen »ürürürürür«-Triller erinnern an den Gesang von Kanarienvögeln.

Wechselkröten unterscheiden sich nicht nur durch ihren Gesang, sondern auch durch ihre äußere Gestalt von den anderen beiden erwähnten Krötenarten. Sie besitzen im Verhältnis zum Rumpf die längsten Beine. Dementsprechend können sie schneller hüpfen als Erdkröten und wirken im Vergleich zu den untersetzteren Kreuzkröten proportionierter. Darüber hinaus können Wechselkröten etwas, was den anderen beiden Arten unmöglich ist: Sie können klettern. Als im Sommer 2003 im Schöneberger Volkspark ein Ornithologe im Gebüsch alte Vogelnester suchte, bemerkte er plötzlich neben seinem Kopf einen unerwarteten Zeugen seiner Tätigkeit, der in aller Seelenruhe auf einem Ast hockte. Der Anblick einer grüngefleckten, mit kleinen roten Warzen auf hellem Körpergrund gesprenkelten Kröte auf Augenhöhe ließ den Vogelliebhaber nicht unbeeindruckt. Auf eine Kröte im Baum war er nicht gefasst. Ähnliche Erlebnisse werden wohl im Laufe der Zeit von immer zentraleren Plätzen der Stadt zu berichten sein. Die Steppenherkunft der Wechselkröte nämlich und ihre aus den osteuropäischen Landschaften mitgebrachte relative Unabhängigkeit von Wasser werden ihre Ausbreitung bis in die Stadtzentren begünstigen. Wie die Wechselkröten aber in der Innenstadt Straßen unbeschadet überqueren, ist bislang ungeklärt. Fangzäune oder Krötentunnel gibt es hier nicht, und es wird sie wohl in absehbarer Zeit auch kaum geben. Wechselkröten gehören zu jenen Amphibien, deren ständige Anwesenheit in den betonierten Innenstädten zu dem zählen, was Josef H. Reichholf als »ökologische Überraschungen« bezeichnet hat. Diese Überraschungen sind es, die uns Anlass sein sollten, das Verhältnis von Tier und Stadt neu zu bedenken. Die Unwirtlichkeit oder Lebensfeindlichkeit unserer Städte ist zuallererst eine Ideologie und wird tagtäglich von den außerordentlichen Strategien, mit denen sich unsere wilden tierischen Mitbewohner die Stadt als Lebensraum aneignen, widerlegt.

In Berlin waren ursprünglich 13 Amphibienarten beheimatet, und nur eine von ihnen ist heute gänzlich verschwunden: Der Laubfrosch *(Hyla arborea)* wurde zu Beginn des 20. Jahrhunderts ausgerottet. Das lag allerdings weder an der schlechten Stadtluft noch am kranken Zustand der Bäume im Stadtraum, in denen die Laubfrösche ihre Tage verbrachten. Einer Legende zufolge, die ebenso unzutreffend ist wie die vom Massenselbstmord der Lemminge, sollen Laubfrösche das Wetter vorhersagen können. Die grasgrünen, im Unterschied zu Kröten völlig glatthäutigen Frösche sitzen tagsüber gern reglos und wie angeklebt auf einem Blatt im Sonnenschein und lassen sich leicht einfangen. So wurden die Tiere massenweise in die Häuser geholt und in Terrarien an die Fenster gestellt. Da Laubfrösche mithilfe ihrer Haftscheiben an den Zehen und der klebrigen Bauchseite sogar an senkrechten Glasscheiben hinaufklettern können, muss es wohl auch Freude gemacht haben, ihnen bei ihren Bewegungen im Terrarium zuzusehen. Vermutlich aber verkraftete die Berliner Laubfroschpopulation die Umsiedelung in die Stadtwohnungen nicht. Die der Stadtnatur entnommenen »Wetterpropheten« wurden so natürlich der Fortpflanzungsgemeinschaft der Laubfrösche entzogen, was die Population bis zu ihrem endgültigen Erlöschen immer weiter ausdünnte. Dass sie inzwischen unter strengem Naturschutz stehen, kommt für die Laubfrösche in Berlin zu spät.

Alle anderen Berliner Froscharten konnten sich jedoch mehr oder weniger zahlreich erhalten. Bei den Grünfröschen, die für die Froschkonzerte verantwortlich sind, die teilweise bis spät in den August hinein in und an den Gewässern des gesamten Stadtgebietes vom Sacrower See bis zu den Karower Teichen und selbst in den kleinsten Gartenteichen zu vernehmen sind, werden sogar Bestandszunahmen gemeldet. Der Teichfrosch *(Rana kl. Esculenta)*, eine der sechs in Europa vorkommenden Grünfroscharten, konnte beispielsweise die Neuanlage von Gewässern im Zuge der *Bundesgartenschau 1985* im Britzer Garten nutzen und gilt daher in Berlin als nicht gefährdet. Da Wasserfrösche, zu denen der Teichfrosch zählt, sehr anpassungsfähig sind, können sie fast alle Parkteiche und Gartengewässer besiedeln. Man findet sie selbst in den kleinsten Zierteichen innerstädtischer Neubausiedlungen. Im Schilf der Wasseranlagen am Potsdamer Platz sind sie mittlerweile zu Dauerbewohnern geworden, was in dieser Hinsicht für die Architektur des Platzes spricht. Dass die grasgrün grundierten, unregelmäßig mit dunklen Flecken gepunkteten, schlanken und spitzköpfigen Teichfrösche an diesem von Menschen stark frequentierten Ort ausreichend Deckung finden, um sich ungestört sonnen zu können, stellt der Platzbepflanzung ein gutes Zeugnis aus. Teichfrösche sind äußerst wachsam und reagieren auf die kleinsten Irritationen. Meist muss sich nur ein Schatten in das Gesichtsfeld eines Teichfrosches schieben, und schon setzt er zu einem Sprung an, dem ein typisches kurz platschendes Geräusch folgt, wenn der Frosch ins

Wasser abtaucht. Meist entdeckt man nach einem kurzen Augenblick den tauchenden Frosch an einer völlig unerwarteten Stelle wieder, den Kopf über Wasser und das Hinterteil mit den Hinterbeinen nach unten im Wasser hängend. Es dauert dann eine Weile, bis er sich wieder an Land begibt, um sich von der Sonne bescheinen zu lassen. Teichfrösche sonnen sich ausgesprochen gern. Sie sitzen zwar mit Vorliebe auf schwimmenden Blättern von Wasserpflanzen wie zum Beispiel Seerosen, halten sich aber auch an den Ufern von Tümpeln, Teichen, Seen und Fließgewässern auf. Am Potsdamer Platz hocken sie sogar auf den Betonmauern, die das Wasser begrenzen.

Ein Teichfrosch in allen Entwicklungsstadien, von der geschwänzten Kaulquappe im Wasser über den noch kleinen Jungfrosch bis zum ausgewachsenen Teichspringer.

Diese Population von Teichfröschen zieht selbst seltene Gäste an den Potsdamer Platz. Im Sommer 2003 konnte man einem schlanken Vogel mit blaugrauen Flecken und zwei langen Nackenfedern dabei zusehen, wie er langsam durch das Röhricht des von Architekten sorgfältig geplanten »urbanen Gewässers« wanderte. Auf der Suche nach Nahrung war das Tier offenbar bemüht, die örtlichen Frösche aufzuspüren. Graureiher gehören zwar schon seit Jahrhunderten zum Berliner Stadtbild, aber meist findet man die so genannten Schreitvögel an Parkseen und kleineren Teichen. So zentral neben einer stark befahrenen Straße sind sie selten anzutreffen.

Teichfrösche sind in Mitteleuropa, so auch in Berlin, die häufigste Froschart. Ein Großteil der schnarrenden Grünfroschchöre, die in Mai- und Juni-Nächten zu hören sind, geht auf die Lautaktivitäten von Teichfröschen zurück. Die Männchen verstärken ihre Töne durch Schallblasen, die von hinter den Mundwinkeln ansetzenden Hauttaschen gebildet werden. Indem der Frosch während des Rufes Nasenlöcher und Mund verschließt, kann er die Luft zwischen den Lungen und der Mundhöhle zirkulieren lassen und sie allmählich über eine Öffnung in die Blasen leiten, wodurch der typische weit reichende Froschsound entsteht. Abhängig vom Wetter und der Jahreszeit kann die Dauer der Konzerte stark variieren. Manchmal hören die Teichfrösche bereits nach wenigen Sekunden wieder auf, in anderen Nächten erklingen die knurrenden »rärärä«-Rufe über mehrere Stunden hinweg und verstummen zuweilen erst mit dem Sonnenaufgang. Ihre ausdauerndste Rufaktivität entfalten Teichfrösche von Anfang bis Mitte Juni, wenn sie sich paaren. In dieser Zeit kann man in der Nähe der Chöre mitunter auch sehr leise, zartere Stimmen hören. Sie stammen von den Weibchen. Es ist ein seltenes Phänomen, denn in der Regel bleiben weibliche Frösche stumm.

Bei der Besiedelung neuer Lebensräume sind Teichfrösche ähnlich erfolgreich wie bei ihrer Vermehrung. Selbst der Straßenverkehr wird ihnen nicht zum Problem, wie es etwa bei den Kröten der Fall ist. Sie bleiben zum Überwintern häufig in den Gewässern, in denen sie im Frühling und Sommer auf Wasserpflanzen sitzen oder an deren Ufer sie auf Insekten warten. Im Winter ruhen sie vergraben im Grund, bis die Witterung mit der Sonne auch die Insekten wieder aus der Starre zum Leben erweckt. Haben sie den Sommer in betonierten kleinen Zierteichen oder nicht mehr genutzten, verrottenden Schwimmbädern verbracht, graben sie sich für den Winterschlaf irgendwo in der unmittelbaren Nähe in den Boden ein.

Ebenso verbreitet wie der Teichfrosch, der sich sogar in den kleinsten Tümpeln an Baustellen mitten in der Innenstadt findet, ist der Teichmolch *(Triturus vulgaris)*. Er gilt als klassischer Kulturfolger, zählt also zu jenen Arten, die sich von Anbeginn an nicht nur mit den von Menschen gestalteten Kulturlandschaften zu arrangieren verstanden, sondern aktiv in sie eindrangen und in ihnen Bedingungen fanden, die für sie besser waren als die so genannten natürlichen. In Berlin sind Teichmolche wahrscheinlich schon seit den ersten Besiedelungstagen heimisch. Sie bilden in mittelalterlichen Stadtgräben oder beispielsweise im Graben vor dem Zwinger in Dresden alteingesessene Populationen, die über die Jahrhunderte stabil geblieben sind und sich auch der durch den zunehmenden Stadtverkehr veränderten Luft- und Wasserqualität anpassen konnten. Die sechs bis elf Zentimeter langen Schwanzlurche vermögen in fast jedem Wasserloch, Tümpel oder auch in Fahrspurrinnen, die nur kurz Wasser führen, zu existieren. Sie bevorzugen zwar offene, sonnige Gewässer, stellen aber keine besonderen Ansprüche und können in Küstennähe sogar in Brackwasserteichen leben. Als Pendler zwischen Wasser, Luft und Erde sind sie in der Lage, sich sehr schnell umzustellen. Am Molch lässt sich quasi prototypisch der Landgang der Wirbeltiere studieren. Dass sie sich aber im Wasser am meisten daheim fühlen, kann man im Frühjahr zum Beispiel an einem kleinen Gartenteich auf dem Steglitzer Fichteberg beobachten: Die an Land langsam und unbeholfen wirkenden Molche werden, kaum dass sie ins Wasser geglitten sind, zu exzellenten

Schwimmern, die sich dort mindestens dreimal so schnell zu bewegen scheinen wie an Land.

Außerhalb des Wassers haben sie neben der eingeschränkten Beweglichkeit auch das Problem, dass ihre Haut noch keinen Schutz gegen Austrocknung ausgebildet hat. Molche sind deshalb während ihrer Landphase auf regnerisches Wetter angewiesen, oder aber sie verlagern ihre Aktivitäten ganz in die Nacht, wenn es kühl und feucht ist. Vielleicht verlassen sie deshalb schon sehr früh im Jahr, oft schon gegen Ende Februar, bevor die Temperaturen steigen, ihre Erdverstecke und begeben sich in ihre Laichgewässer.

Während der aquatischen Phase vom Frühling bis in den Spätsommer verwandeln sich die Männchen in vielfältiger Form. Auf dem Rücken und auf dem Schwanz wächst ihnen ein gezackter, wellenförmiger Hautkamm, und ihre grüne Rückenfärbung mit der teilweise schwarzen Marmorierung wird intensiver. In klaren Gewässern leuchten die roten Flecken des unteren Schwanzsaumes des Männchens auffällig durch die Wasseroberfläche. Schmuckkamm und -farbe der Männchen stehen ganz im Dienst der Werbung um die Weibchen.

Der rhythmische Tanz des männlichen Teichmolchs im Steglitzer Fichtebergteich ist jedes Frühjahr ein Ereignis für die Anwohner. Sobald das männliche Tier die Paarungsbereitschaft des Weibchens durch eine Geruchsprobe an deren Kloake festgestellt hat, springt es mit einem Satz vor die Umworbene. Unmittelbar darauf klappt das Männchen den Schwanz nach vorn und wedelt damit in zittrig vibrierenden Bewegungen der Partnerin aus seiner Kloake austretende Duftstoffe zu. Während dieser Prozedur springt und tanzt der männliche Teichmolch immer wieder um die Erwählte herum. Schließlich weicht er etwas von dem Weibchen zurück und wartet ab, ob es ihm folgt. Wenn ja, wendet er sich plötzlich ab, um sogleich den Schwanz wieder nach hinten auszustrecken, den Rücken katzbuckelnd nach oben durchzudrücken und in dieser Haltung seine Werbung schwanzwedelnd fortzuführen. Folgt ihm das Weibchen weiterhin, presst sich der Teichmolch auf den Boden und gibt mit seitlich abgespreizten Beinen vorwärts kriechend einen kleinen Samenträger ab, den nun das Weibchen mit seiner Kloake aufnimmt. Damit ist die Paarung ohne Körperkontakt vollzogen, worauf die beiden Molche wieder getrennter Wege durch den kleinen Teich schwimmen.

Teichmolchweibchen legen nach der Paarung über einen Zeitraum von mehreren Wochen bis zu 250 etwa anderthalb Millimeter große Eier, die sie einzeln an Wasserpflanzen kleben. Meist biegen sie die Blätter dabei taschenförmig um die Eier. Weiß man, wie Molche die Blätter biegen, sind die abgelegten Eier relativ leicht ausfindig zu machen.

Weil Teichmolche in Berlin vielerorts anzutreffen sind und ihre Eier problemlos aus den Teichen der Stadt entnommen werden kön-

Kammmolche. Im Vordergrund die wasserlebende Larve mit den Kiemenbüscheln am Kopf, hinten an Land ein Männchen mit Kamm in Paarungstracht.

nen, führte während des Ersten Weltkrieges der spätere Nobelpreisträger und damalige Direktor des *Kaiser-Wilhelm-Instituts für Biologie*, der Entwicklungsbiologe Hans Spemann (1869–1941), seine Experimente zur Transplantation embryonalen Gewebes an Teichmolchembryonen durch. In den auf Kriegsbedürfnisse umgestellten Instituten war das Geld für Grundlagenforschung ohne Kriegsnutzen knapp, Teichmolche und ihre Eier hingegen waren zahlreich und kostenlos zu bekommen. Spemann war, bevor er nach Berlin kam, durch Schnürversuche an Amphibien bekannt geworden. Dabei hatte er mit einer sehr feinen Haarschlinge noch ungeteilte Eizellen von Teichmolchen eingeschnürt und spektakuläre Fehlbildungen hervorgebracht: doppelköpfige Teichmolche mit einem gemeinsamen Rumpf. Die Doppelköpfe waren lebensfähig und sollen sich sogar lebhaft um die ihnen als Futter dargebotenen Wasserflöhe gestritten haben.

Normalerweise schlüpfen aus den Eiern in den Teichen bereits nach acht bis vierzehn Tagen kleine Larven mit fächrigen Außenkiemen und vier Gliedmaßen. Nach weiteren vier bis sechs Wochen erfolgt die Metamorphose zum Molch. Teichmolche leben, bis sie im Alter von zwei bis fünf Jahren geschlechtsreif sind, ausschließlich an Land. Es gibt allerdings immer wieder Ausnahmen: Regelmäßig werden einige Molche bereits als Larven geschlechtsreif und verbringen dann, anders als der Landgangtyp, ihr ganzes Leben im Wasser.

Wenn die Männchen nach der Paarungszeit das Wasser verlassen und zum Landleben zurückkehren, verlieren sie die prächtigen Farben und auch ihren Kamm. Ihre im Wasser glänzende Haut wird in trockener Umgebung stumpf und wirkt nun rau und kleinkörnig. Mit dem Milieuwechsel ändert sich aber nicht nur die äußere Erscheinung der Molche. Sie werden scheu und verstecken sich tagsüber in Mauernischen, unter Falllaub oder in Wurzelgehölz, das aus der Erde ragt. Ende August, wenn fast alle Teichmolche ihre Laichgewässer verlassen haben, kann man sie, wenn man Glück hat, am späten Nachmittag beim Jagen beobachten. Bedächtig schieben sie dann mit den Vorderbeinen das Gras im Garten eines Hinterhofs zur Seite, stoßen dabei hin und wieder mit einem ruckartigen Schub den Kopf auf den Boden und ziehen mit gekrümmtem Rücken schließlich einen Regenwurm aus der Erde. Mit Vorliebe schleichen sie auch durch Tulpenrabatten und Salatpflanzungen in Kleingärten, um Nacktschnecken von den Pflanzen zu holen. Nacktschnecken sind gerade in der Zeit des Landgangs der Molche in der Stadt überall und unübersehbar verbreitet, und das wird einer der Gründe für die Häufigkeit der Teichmolche in Berlin sein.

Der Aktivitätsrhythmus von erwachsenen Nacktschnecken ist auf Feuchtigkeit, Licht und gemäßigte Temperaturen ausgerichtet. Bei feucht-kühlem Wetter gehen die sonst eher nachts kriechenden Schnecken auch bei Tageslicht auf Futtersuche. Wenn sie im Spätsommer in Parks und Gärten die Wege kreuzen oder an Pflanzen hängen, kann man ihre Sensorien in ständiger Bewegung sehen: Die aus dem Kopf wachsenden Fühler werden in alle Richtungen gedreht, eingezogen und wieder vorgeschoben. Auf der Spitze des längeren oberen Fühlerpaares sitzen die kleinen Augen. Ihre Sehzellen können wegen der winzigen Pupillen nur grob zwischen Hell und Dunkel kontrastieren. Die Feineinstellung bei der Fernorientierung wird vorwiegend von den Riechzellen übernommen, die sich ebenfalls in den Fühlern der Tiere befinden und von über den ganzen Körper verteilten Kontaktzellen unterstützt werden. Nacktschnecken nehmen Gerüche aus der Umgebung wahr, und wenn sie Pflanzendüfte oder durch Regen produzierte Gerüche registrieren, kommen sie aus ihren Verstecken.

Nacktschnecken verfügen über sehr präzise Mechanismen zur Berechnung ihrer Wege. Wegen der Empfindlichkeit ihrer Fühler können sie nicht sehen, wenn sie im Regen unterwegs sind. Sobald die Schnecken also nach einem Regenschauer aus ihren Verstecken auf die Wege kriechen, müssen sie genau vorausempfinden, ob und wann es wieder anfängt zu regnen, um rechtzeitig vor dem nächsten

Schauer wieder im Versteck zu sein. Nacktschnecken bestehen, wie alle anderen Schnecken auch, zu 85 Prozent aus Wasser. Sie können nicht, wie etwa die Weinbergschnecken, bei Trockenheit und Hitze in einem Gehäuse Schutz vor Austrocknung finden, da es bei ihnen bis auf ein kleines Schutzschild unter der durchlässigen Haut verkümmert ist. Dadurch sind sie mehr als andere Schneckenarten auf die ständige Zufuhr von Wasser angewiesen und verlassen ihre Verstecke unter lockerem Laub, unter Hecken, im Moos oder in alten Mauern nur, wenn draußen genügend Feuchtigkeit den Verdunstungsverlust im Körper wieder ausgleichen kann.

Trotz der vielen Gefahren, denen Nacktschnecken ausgesetzt sind, findet man sie überall in Mitteleuropa in großer Anzahl. Dass sie in Berlin so ins Auge fallen, liegt nicht nur daran, dass einige Zeitungen jeden Sommer von neuem den Jahreszyklus der Nacktschnecken mit Warnungen vor ihren »Schleimangriffen« einleiten. Städte begünstigen ganz allgemein ihre Ausbreitung, in ihnen ist der Anteil der Nacktschnecken gegenüber Gehäuse tragenden Tieren deutlich höher.

Einige Nacktschneckenarten wie die ursprünglich aus dem Mittelmeergebiet stammenden Kellerschnecken (*Limax flavus*) konnten erst in der Folge menschlicher Siedlungtätigkeit in anderen Gefilden heimisch werden. Keller, in denen sie eingelagerte Früchte, Kartoffeln, Gurken, Blumenzwiebeln oder Pilze finden, bieten ihnen das ganze Jahr über einen meist genügend warmen, völlig ausreichenden Lebensraum. Bierschnegel, wie Kellerschnecken wegen ihrer Vorliebe für Bier auch heißen, können sich daher das ganze Jahr über fortpflanzen und werden bis zu drei Jahren alt – ein für Schnecken vergleichsweise hohes Alter. Sie können sich in einem einzigen Raum in riesigen Mengen fortpflanzen, wie etwa das Beispiel der Kellerschnecken zeigt, die in einer Weinkiste aus Südfrankreich unbemerkt in einen Keller in der Kreuzberger Bergmannstraße gelangt waren. Als dieser Raum nach einem Jahr zum ersten Mal wieder betreten wurde, bot sich ein entsetzliches Bild: Boden und Weinständer waren von einem leicht ansteigenden und niedersinkenden Gewaber aus gelb-schwarz gebänderten Kellerschnecken vollständig überzogen – eine Szene wie aus einem Horrorfilm und ein Fall für den Kammerjäger.

Die meisten Nacktschneckenarten pflanzen sich aber nicht das ganze Jahr über fort. Sie leben in Jahreszyklen, reifen also innerhalb eines Jahres vom Ei zur erwachsenen Schnecke und sterben dann. Die Paarung der in Berlin ansässigen Freilandformen findet zwischen Ende August und Anfang September statt.

Der Sammelbegriff Nacktschnecken, eine Bezeichnung, unter der verschiedene Arten undifferenziert zusammengefasst werden, unterschlägt ihre Vielfalt – in Lichterfelde wurden an einem Nachmittag in einem einzigen Garten neun verschiedene Arten von Nacktschnecken bestimmt. Sie alle zeichnen sich zudem durch unterschiedliche Nahrungspräferenzen aus.

Die Blätter junger Pflanzen werden vorwiegend von drei Wegschneckenarten in mitunter atemberaubendem Tempo weggeraspelt. Bei Massenvermehrungen in Kulturanpflanzungen können die bis zu 18 Zentimeter langen, dunkelrot bis braun-schwarz gefärbten Schnecken mit ihrer zahnbesetzten Reibeplatte, der so genannten Radula, durch Kahlfraß erheblichen Schaden anrichten. Im Berliner Reichstag wurde der Kurator in große Angst um Hans Haackes Installation *Der Bevölkerung* versetzt, als er zwei Große Wegschnecken *(Arion ater)* in dem mit Erde aus allen Teilen Deutschlands gefüllten Trog entdeckte. Die beiden Exemplare der wohl bekanntesten Nacktschneckenform hatten in der Kunstlandschaft innerhalb von zwei Wochen einen Großteil der Blätter angefressen.

Die verschiedenen Wegschneckenarten sind mit bloßem Auge nur schwer zu klassifizieren. Problemlos lassen sie sich jedoch von einer weiteren in Berlin wichtigen Nacktschneckenfamilie, den Egelschnecken, unterscheiden. Bei diesen liegt das Atemloch auf dem Mantelschild im hinteren Bereich, bei Wegschnecken befindet es sich weiter vorne, näher an den Fühlern. Die Haut der Großen Egelschnecke *(Limax maximus)* ist grob in Längslinien gerunzelt, nur auf dem Schild hinter dem Kopf wirkt sie feiner und glatt. Dadurch ist das Tier unschwer zu erkennen, und wer seine Wege kreuzt, kann es getrost auf seinem farblosen Schleim weiterwandern lassen und sollte ihm nicht mit in Gartenratgebern leider sehr ausführlich beschriebenen Schneckenvernichtungsmethoden, wie etwa dem Ersäufen in der Bierfalle, zu Leibe rücken. Die Große Egelschnecke ist alles andere als ein Schädling: Sie frisst hauptsächlich abgestorbene Pflanzenteile und nimmt auch Aas zu sich.

Im Spätsommer begibt sie sich auf Mauern oder in Bäumen auf die Suche nach einem Partner. Wie alle Landschnecken hierzulande sind die Egelschnecken simultane Hermaphroditen mit Überkreuzbefruchtung. Um eine Eigenbefruchtung zu vermeiden, bilden zwei paarungswillige Schnecken zunächst gleichzeitig Spermien aus. Die Paarung findet in der Zeit statt, in der die Schnecken durch die Samenproduktion als biologisch männlich gekennzeichnet sind. Auf Mauern oder gestapelten Holzscheiten winden sich die zwei in dieser männlichen Phase hell- bis dunkelgrauen, mit dunkleren Streifen oder Flecken versehenen Egelschnecken umeinander. Daraufhin fressen sie gegenseitig ihren Schleim und seilen sich dann nach etwa zwei Stunden an einem bis zu 50 Zentimeter langen, von ihnen ausgeschiedenen Schleimfaden ab. Im Hängen tauschen sie nun ihre Spermienkugeln aus. Während anschließend eine der beiden Schnecken zu Boden fällt, klettert die andere wieder am Faden hoch und frisst diesen dabei auf. Nach ein paar Stunden werden beide Schnecken zu Weibchen. Sie befruchten sich mit dem aufgenommenen Samen jeweils selbst und bilden Eier aus.

Bei warmem Sommerwetter schlüpfen schon nach vier Wochen Jungschnecken aus den Eiern. Die Kälte des Winters verzögert die Entwicklung des im Herbst gezeugten Nachwuchses. Nach der Überwinterung im Ei schlüpfen die Jungen erst im März oder April. Fünf Monate später sind sie geschlechtsreif, werden unvorsichtiger und vermehrt am Tag aktiv. In dieser Zeit häufen sich auch die menschlichen Feindseligkeiten gegenüber den Tieren. Vokabeln wie »nutzlos« oder »schädlich« sind allenthalben zu hören, und die verschiedensten Bekämpfungstipps kursieren bei den Hobbygärtnern. Die Igel hingegen freuen sich, denn mit den Schnecken lässt sich ein veritabler Winterspeck anfressen, und auch die Molche laben sich an ihnen als täglicher Nahrung.

Wie auch die Beispiele der verschiedenen Schnecken- und Amphibienarten zeigen, können die unterschiedlichsten Tiere den städtischen Lebensraum besiedeln, sich anpassen und hier sogar ihre Fortpflanzungsraten steigern. Die Frage aber, wie sie dabei mit der Luft- und Wasserbelastung in der Stadt zurechtkommen, beschäftigt die Wissenschaft nach wie vor. Bloße Messungen der Luftzusammensetzung sagen noch nichts darüber aus, was sich in den Organismen tatsächlich tut und welche Stoffe von ihnen überhaupt aufgenommen werden. Deshalb ist es für die Stadtökologie von besonderer Bedeutung, geeignete Bioindikatoren zu definieren. Es handelt sich dabei um Lebewesen, die durch die Fähigkeit, Schwer- oder Edelmetalle in sich anzureichern, Messungen über die tatsächliche Belastung von Organismen zulassen. Die als Bioindikatoren ausgewählten Arten sollten idealerweise auch in den städtischen Biotopen nicht zur Verdrängung anderer ansässiger Arten führen und sozusagen zu deren ökologischen Stressoren werden. Sie sollten in aquatischen Biotopen ebenso vorkommen wie in terrestrischen, denn welche Belastungen sich aus dem ständig steigenden Straßenverkehr wirklich ergeben, kann nur im Wasser und in der Luft ermittelt werden.

Als vorzügliche Bioindikatoren erweisen sich zwei Darmparasiten: Cestoden, also Bandwürmer, und Acanthocephalen, so genannte Kratzer. Sie kommen sowohl bei Fischen als auch bei landlebenden Wirbeltieren vor, in die sie über Zwischenwirte wie Krebse oder Insekten gelangen. Die Parasiten verdübeln sich in der Darmwand ihrer Wirte und entziehen diesen über ihre Körperoberfläche Nahrung; Kratzer haben ebenso wie Bandwürmer ihren Magen und Darmtrakt zurückgebildet und verdauen über die »Haut«. Untersuchungen an Fischen aus der Weser und verschiedenen norddeutschen Seen zeigten erstaunliche Ergebnisse: Während sich im Muskelgewebe, den Nieren und der Leber der Fische kaum Metalle nachweisen ließen, schienen die Kratzer und Bandwürmer aus nichts als Blei und Kadmium zu bestehen. Die Parasiten hatten gleichsam als Endlager die Metalle extrem angereichert. Damit boten sie ein Maß für den tatsächlichen Stoffumsatz. Gleichzeitig wurde bei diesen Untersuchungen aber auch deutlich, weshalb manche Fischarten wie zum Beispiel Barsche mit den Parasiten leben können. Sie profitieren in gewisser Weise vom reinigenden Effekt der Würmer, die ihnen die Schwermetalle abnehmen.

Anders sieht das bei Aalen aus. Ihnen hatten die Parasiten teilweise die Schwimmblase so durchlöchert, dass der Gasaustausch beeinträchtigt war. Wahrscheinlich sind die zerstörerischen Folgen der Parasiten in den Aalen darauf zurückzuführen, dass diese – anders als etwa Barsche – in der Stadt fremd sind. Sie sind nicht freiwillig in die Städte gezogen, sondern zu Zuchtzwecken als junge, in den Meeren gefangene Glasaale in Transportkisten dorthin gebracht worden. Daher sind sie von einer Menge nicht artspezifischer Parasiten befallen, auf die sie nicht durch ein langes Zusammenleben in demselben Verbreitungsgebiet vorbereitet sind. Diese Parasiten werden durch den weltweiten Handel mit jungen Aalen schnell verbreitet. Seit der Abgaskatalysator bei Autos eingeführt wurde, lassen sich die Folgen davon auch an den Metallen ablesen, die sich in den Aalparasiten finden. Durch den Katalysator ist der Bleigehalt der Stadtluft rückläufig, dafür nehmen die Edelmetalle Platin und Rhodium stetig zu. In den Würmern der Aale finden sie ihr Endlager.

Inwiefern sich Parasiten und die Metalle, die sie anreichern, auf das Verhalten der Aale auswirken, lässt sich schwer sagen, da neuere Untersuchungen über ihre Wanderung in die Laichgebiete in der nördlich der Antillen gelegenen Sargassosee fehlen. Eine nicht intakte Schwimmblase wird ihnen auf dem Weg aus dem Süßwasser, in dem sie nach 9 bis 15 Jahren zur Geschlechtsreife gelangt sind, zurück ins tiefere Meer aber sicher zu schaffen machen. Ob sie allerdings bereits in der Stadt Nachteile zu erleiden haben, ist unklar. Sie scheinen zum Beispiel in Berlin ohne größere Schwierigkeiten über die Runden zu kommen. Als Grundfisch, der nur nachts am Boden der Gewässer nach Nahrung sucht, während er sich tagsüber dort versteckt hält, stört eine verletzte Schwimmblase den Aal hier noch wenig. Hinzu kommt, dass die Tiere als extrem zählebig bekannt sind.

Die vom Fischereiamt der Stadt an der Ober- und Unterhavel ausgesetzten Glasaale haben sich überall in den Stadtgewässern verbreiten können. Aale waren im Jahr 2002 neben dem Zander der bedeutendste Wirtschaftsfisch in Berlin. Die jungen Aale finden in

Aale am Gewässergrund. Die bodenlebenden Fische suchen sich am Tag Verstecke, in denen sie ruhen und die sie abends wieder verlassen.

den Berliner Gewässern ausreichend Nahrung wie Insektenlarven, Würmer oder Fische, um zu einer als Speisefisch verwertbaren Größe heranzuwachsen, ohne dass sie in Zuchtstationen gemästet werden müssten. Das Berliner Fischereiamt, das für kommerzielle Fischer wie für Hobbyangler Lizenzen zum Fischen vergibt, schafft durch den Besatz der Havel mit jungen Aalen die Bedingung für eine lohnende Fischereiwirtschaft. Darüber hinaus gab es zumindest bis zum Mauerfall in den Stadtgewässern noch einige Sammelstellen, in denen Fischhändler durch Versand bezogene ausgewachsene Aale bis zum Verkauf auf Märkten oder in Fischgeschäften hielten.

Die Nachfrage bei einem Angler, ob die Edelmetallbelastungen sich auf den Geschmack der Aale auswirkten, die er bei der ehemaligen Aalsammelstelle eines Fischhändlers am Ende der Schlesischen Straße aus dem Landwehrkanal zog, führte zu keinerlei verwertbaren Informationen; er pflege seinen Fang nicht zu verspeisen, teilte er mit. Dass die überall in den Berliner Gewässern schwimmenden Aale auch aus der früheren Kreuzberger Aalstation stammen könnten, hielt er jedoch für fraglich. Man weiß allerdings, dass die Fische auch in Seen und Flüsse gelangen können, wenn es keinen direkten oberirdischen Wasserzulauf gibt. Sie sind in der Lage, über das Grundwasser in Seen und Parkteiche zu wandern, und bei nassem Wetter schaffen sie es sogar, längere Strecken über Land zurückzulegen. Auf einer Wiese bei Strausberg fand sich eines Nachts ein Aal im Netz eines Vogelbeobachters, mit dem dieser eigentlich Lerchen fangen wollte. Der Angler am Landwehrkanal allerdings blieb skeptisch. Über eine Wiese, meinte er, kämen die Aale schon, aber heil über die Straße, da hätte er doch seine Zweifel. Wer aber auf einem Fischmarkt einmal einen Aal einem Händler von der Waage springen und anschließend auf dem gepflasterten Boden rasch das Weite suchen sah, wird den Aalen auch in der Stadt so einiges zutrauen.

Ein Spaziergang

Es war im schönen Monat Mai, als zwei Spaziergänger sich aufmachten, die Flora und Fauna der Hauptstadt zu erkunden. Die Nachmittagssonne schien über dem Treptower Park. Überall auf den Rasenflächen hatten sich Menschen niedergelassen, um das warme Wetter zu genießen. Ein Bussard flog mit einem Ast in den Fängen in eine Baumkrone und versuchte, das große Stück Holz in seinem Nest unterzubringen. Im Hafen schwamm zwischen den Landestegen der Ausflugsdampfer eine Mandarinente mit zwölf Küken, während sich ihr Erpel pittoresk auf einem Holzpfahl im Wasser sonnte. Bei Enten, die in städtischen Parks nisten, ist die erfolgreiche Aufzucht einer so zahlreichen Brut ein beachtliches Ergebnis.

Als Höhlenbrüter bauen die Tiere ihre Nester mit Vorliebe in Baumhöhlen. Die Bäume in Grünanlagen wie dem Treptower Park sind allerdings alles andere als sicher. An mehreren Stellen lagen Haufen frisch abgesägter, gesunder Äste aus hellem, saftigen Holz mit kräftig grünen Blättern. Wie die Wunden an den Stämmen zeigten, wurden sie auf eine Weise abgeholzt, mit der ein behutsamer Hobbygärtner wohl kaum einverstanden wäre. Die vom Gartenbauamt zur Parkpflege bestellten ABM-Kräfte hatten an diesem Tag nicht nur Äste abgesägt, sie hatten, ebenso unfachmännisch, auch zwei Bäume gefällt, von denen nur noch Stümpfe von jeweils über einem Meter Durchmesser übrig geblieben waren. Den unschönen Anblick frischer Schnittstellen hatten sie notdürftig mit Spänen und Laub zu verdecken versucht. Gesetzlich ist es eigentlich verboten, zwischen dem 1. März und dem 30. September »Bäume, Gebüsch, Ufervegetation oder ähnlichen Bewuchs« zu fällen, abzuschneiden oder auf andere Weise zu beseitigen. Doch vermutlich ließe sich irgendeine Ausnahmebestimmung finden, die fragwürdige Parkarbeiten dieser Art rechtfertigt.

Gerade im Mai ist es aber besonders schädlich, die Bäume und Büsche der Parks mit Kettensägen zu bearbeiten. Wie die Enten bauen auch die meisten anderen Vögel in dieser Zeit ihre Nester oder brüten bereits. Die Nachtigallen etwa haben den Treptower Park dicht besiedelt. Ihre schlichte rot-braune bis fahl grau-braune Gefiederfarbe tarnt sie gut, sodass sie in den Hecken, Gebüschen und Laubbäumen meist schwer zu entdecken sind. In Treptow haben sie sich aber so sehr an die Menschen gewöhnt, dass einige nicht einmal ihren Gesang unterbrechen, wenn sie sich beobachtet fühlen.

Die beiden Spaziergänger konnten verfolgen, wie ein Nachtigallenpaar seine schon flüggen Jungen fütterte, die dabei bettelnd mit den Flügeln wippten. Die anderen Nachtigallen im Revier waren hingegen noch damit beschäftigt, ihre Eier zu bebrüten oder die geschlüpften Nestlinge zu versorgen. In der Nähe ihrer am Boden gut versteckten Nester warnten sie eindringlich mit den für sie typischen Rufen – einem deutlich ansteigenden »hüit«, oft begleitet von erregten, tief knarrenden »trrrk«- und »karr«-Tönen. Der Grund für die Aufregung der Nachtigallen war ein menschlicher Eindringling, der in diesem Moment aus den Büschen trat und sich den beiden Spaziergängern als Ornithologe von der *Freien Universität Berlin* vorstellte. Schon seit Jahren beobachte er die Vögel im Treptower Park, hier seien die typischen Rufe noch eindeutig Nachtigallen zuzuordnen. Nur ein paar Kilometer weiter in Richtung Norden sehe das schon anders aus.

Besonders im Nordosten von Berlin scheint es in den letzten Jahren tatsächlich zunehmend zweifelhaft, dass die Nachtigallengesänge, die zu hören sind, auch von Nachtigallen stammen. Verantwortlich dafür ist der Sprosser, ein Vogel, der seine Lebensräume immer weiter ausdehnt. Nachtigall und Sprosser sind sehr nah verwandte Ar-

ten, die sich vor allem hinsichtlich ihrer ursprünglichen Brutge-
biete unterscheiden. Sprosser brüten normalerweise nordöstlich
des Verbreitungsgebietes der Nachtigallen in Südschweden und
-finnland sowie im Osten bis ins westliche Sibirien. Von Polen aus
haben sie in letzter Zeit ihre Arealgrenzen immer weiter in südwest-
liche Richtung verschoben. Dadurch entstehen vermehrt Gebiete,
in denen sowohl Nachtigallen als auch Sprosser siedeln. Dies hat zur
Folge, dass es immer schwerer wird, Nachtigallen und Sprosser voneinander zu unterscheiden. Anders als Nachtigallen, die Gesänge
anderer Arten sehr selten und dann nur ungenau kopieren, sind
Sprosser in der Lage, Nachtigallenstrophen in Teilen in ihren Ge- CD ▸ 18
sang einzubauen oder sie sogar vollständig zu übernehmen. In
Extremfällen fehlen die sprossertypischen Gesänge ganz. Ein sicheres
akustisches Unterscheidungsmerkmal scheint einzig noch der Warn-
ruf zu sein. Das »hiid« der Sprosser steigt nicht an, sondern bleibt auf
einer Tonhöhe. Doch selbst dieses Signal kann zu Trugschlüssen führen. Sprosser und Nachtigallen paaren sich nämlich manchmal miteinander und ziehen erfolgreich Junge groß. Besonders dort, wo es an
arteigenen Weibchen mangelt, sind Sprosser imstande, Nachtigallen-
hennen herbeizulocken. Dass es zu einer weitgehenden Vermischung
beider Vogelarten kommt, ist jedoch unwahrscheinlich, da nur die
männlichen Hybriden fortpflanzungsfähig sind.

Der Nachwuchs aus solchen gemischten Paarungen verfügt über
alle denkbaren Varianten des Warnrufs: Manche warnen wie Sprosser, die anderen wie Nachtigallen, wiederum andere mischen die
Gesänge beider Arten oder hängen sie einfach aneinander. Sprosser
ausfindig zu machen und in ihren Gesängen Regelmäßigkeiten zu
entdecken, hatte der Ornithologe im Sinn, als er an jenem Maitag
dem Treptower Park einen Besuch abstattete.

In Gebieten, in denen beide Arten zusammen vorkommen, sind wie
Nachtigallen singende Sprosser ausgesprochen häufig zu finden.
Das hängt vermutlich mit den Lernmechanismen der jungen Spros-
ser zusammen. Oftmals hören sie bereits in ihren Nestern in der

Nachbarschaft Nachtigallen singen. Bis zum Alter von einem Jahr sind Sprosser in der Regel noch lernfähig, so lange können sie sich artfremde Gesänge aneignen. Allerdings sind die Mischsänger bis nach Treptow wohl noch nicht vorgedrungen. Um sie zu finden, empfahl der Ornithologe einen Ausflug ins Märkische Viertel in Reinickendorf.

Dort angekommen, schlenderten die beiden Spaziergänger zwischen den hoch in den Himmel ragenden Häusern entlang. Mitunter verließen sie die gepflasterten Wege und nahmen Sträucher und Gebüsch näher in Augenschein. Mit forschendem Blick schauten sie in die Baumkronen. Doch es war alles vergeblich: Ein Sprosser, der wie eine Nachtigall sang, oder auch nur eine Nachtigall, die eine Nachtigall war, ließ sich an diesem lichten Maitag im Grün zwischen den Hochhäusern einer vergangenen Bauepoche nicht blicken. Dafür erklang aus den Bäumen, die an manchen Stellen des Viertels so zahlreich und dicht stehen, dass sie fast wie ein kleiner Wald wirken, der laute, schwungvolle Gesang eines Gelbspötters. In dem Lied des spatzengroßen, schlanken, auf der Oberseite graugrünen, am Bauch blass-gelblich gefiederten Vogels war immer wieder ein deutliches »hiäh« herauszuhören. Doch hatte so nicht auch der Bussard aus dem Treptower Park gerufen?

Gelbspötter gehören wie Sprosser zu jenen Vögeln, die andere Tierlaute nachahmen können. Das bussardähnliche »hiäh« in ihrem Gesang ist für sie geradezu kennzeichnend. Gelbspötter haben es in Berlin vermocht, bis in vegetationsreiche Hinterhöfe, wie es sie am Prenzlauer Berg noch und in Kreuzberg wieder gibt, vorzudringen, wo ihre »spöttischen«, in fremden Zungen gesungenen Lieder den Sound der Stadt bereichern. Ihre Nachahmungskunst ist allerdings längst nicht so ausgereift wie bei anderen Vögeln.

Einen weitaus beeindruckenderen Künstler findet man in Röhricht- und Schilfbeständen, aber auch in Brennnesselbüscheln, Weidenröschen- und Knöterichstauden, wie sie in Städten vor allem auf Brachflächen wachsen, auf denen sich noch keine älteren, größeren Bäume etabliert haben. Die dicht bewachsene Bahnbrache am Schöneberger Südgelände verfügt über solche Bedingungen. Pflanzengrün überwuchert dort langsam die stillgelegten Schienen. Unbehelligt von den Eingriffen des Gartenbauamts, erobern junge Birken, Weiden und anderes Gesträuch einen Teil Berlins zurück und zeigen exemplarisch, wie schnell Natur dort wieder entstehen kann, wo die Stadt ihre Betriebsamkeit aufgegeben hat. Bald darauf siedeln sich jene Tiere an, die von oder in diesen Pflanzen leben. Das sind zum Beispiel die Sumpfrohrsänger, die an den Stängeln nach Blattläusen, Spinnen oder Fliegen suchen.

Die Zeichnung zeigt von oben nach unten: einen Grünlaubsänger, einen Gelbspötter und einen Nordischen Laubsänger. In der Stadt wird man vor allem auf den grünlich-gelblichen Spötter treffen können.

Waren die beiden Spaziergänger eben noch im Märkischen Viertel durch gepflegtes Grün geschritten, durchstreiften sie jetzt das unwegsame Gebüsch der Brachfläche. Schon kurz nachdem sie den S-Bahnhof verlassen hatten, begleitete sie der pausenlose Gesang des Sumpfrohrsängers, dem sie nun durch diese urbane Wildnis folgten.

Sumpfrohrsänger sind die Meister unter den heimischen Spöttern. In ihren Liedern wurden bislang Klänge von 212 anderen Vogelarten identifiziert; 51 artfremde Klänge fanden sich allein in den Gesängen eines einzigen Vogels. Etwa die Hälfte der imitierten Vogelarten lebt in jenen Gegenden Afrikas, in denen die Sumpfrohrsänger überwintern. Die in Afrika »aufgeschnappten« Töne bringen sie im Frühjahr nach Berlin und lassen sie hier erklingen. Dabei reihen sie die imitierten Vogelstimmen mit hektischen, mitunter aber auch eleganten Übergängen in scheinbar unaufhörlichen Serien aneinander. Es ist schier unvorstellbar, wie der kleine Vogel den lauten Gesangsstrom hervorbringt und auch noch in der Lage ist, ihn zu koordinieren. Es lässt sich noch dazu kein nahe liegender Grund finden, warum er diesen energetisch aufwändigen Klangwust überhaupt erzeugt. Eines will der Sänger damit sicherlich nicht bewirken, nämlich die Weibchen der imitierten Arten anlocken. Anders als mitunter bei Sprossern und Nachtigallen kommt es bei diesen Tieren zu keinen gemischten Paarungen. Dass die Sumpfrohrsängerweibchen unbedingt ein so umfangreiches Repertoire hören müssen, um in Paarungsstimmung versetzt zu werden, dürfte ebenso wenig als Erklärung für die Komplexität der Stimmen in Betracht kommen. Schließlich finden auch vergleichsweise einfach singende Vögel wie Blaumeisen, Grünlinge oder Buchfinken ihre Partner. Nicht nur die Funktion dieses umfangreichen Stimmennachahmens bei Sumpfrohrsängern ist völlig unklar, man weiß nicht einmal, ob diese Vögel überhaupt arteigene Laute hervorbringen, Laute also, die sie nicht von anderen Arten übernommen haben.

Während die Spaziergänger noch dem Sumpfrohrsänger lauschten, entdeckten sie die nächste Überraschung: Direkt vor ihnen hing an einem Halm eine Dorngrasmücke, den Kopf nach unten, den Schwanz nach oben. Als typischer »Gebüschschlüpfer«, wie Biologen Arten nennen, die im jungen Grün gerade erst zuwachsender Brachflächen knapp über dem Boden durch das Gestrüpp schlüpfen, hatte sie hier ihr optimales Biotop gefunden. Dorngrasmücken jagen in der Kopf-nach-unten-Haltung an den Halmen geradezu

CD ▶ 21

Von oben nach unten im Schilf: Teichrohrsänger, Gartenrohrsänger, Sumpfrohrsänger und Buschrohrsänger. Man ist bei den schwer zu unterscheidenden Arten zur Identifizierung auf den Gesang angewiesen.

jonglierend nach Insekten, Spinnen und kleinen Schnecken. Davon gibt es auf dem Bahngelände nicht nur im Gebüsch die verschiedensten Formen zu sehen. Ausreichend Nahrung für alle, auch für den weiterhin unermüdlich seine afrikanisch-europäischen Weisen singenden Sumpfrohrsänger. Die Spaziergänger verspürten freilich langsam eine Lust auf andere Gaumenfreuden, freuten sich aber dennoch über die Vielzahl an Fliegen, Schmetterlingsraupen und Spinnen, die das Gelände besiedeln.

Selbst auf den festgetretenen Gehwegen krochen neben Schnellkäfern auch verschiedene Spinnen. Diese waren allerdings nicht eindeutig einer Art zuzuordnen; sie waren noch nicht erwachsen und hatten die für die Spinnenbestimmung nötigen Genitalien noch nicht ausgebildet. Nur die Raubspinne *Pisaura mirabilis* war zweifelsfrei zu identifizieren. Das Weibchen trägt seine Eier auffällig in einem hellgrauen Kokon vorne in den Mundwerkzeugen zwei Wochen mit sich herum. Erst danach webt es dicht über dem Boden ein kuppelförmiges Gespinst, an dem es den Kokon befestigt. *Pisaura mirabilis* erfreut Spinnenkenner wegen ihres amüsanten Paarungsverhaltens. Das Männchen bietet dem Weibchen eine sorgfältig versponnene Fliege als Anreiz zur Paarung dar. Während das Weibchen frisst, zwängt sich das Männchen seitlich unter die Partnerin und vollzieht artistisch turnend die Befruchtung. Ist sie vollbracht, nimmt das Spinnenmännchen dem völlig passiven Weibchen die angefressene Fliege wieder weg und zieht damit weiter.

Anders als bei *Pisaura mirabilis*, die an ihrem Eikokon leicht zu erkennen ist, sind einwandfreie Identifizierungen vieler Spinnen und Insekten nur möglich, wenn man die Tiere fängt. Oftmals werden sie dabei auch getötet. Das ist auf dem zum Naturschutzgebiet erklärten Südgelände in Schöneberg verboten. Ebenso schreiben die Naturschutzbestimmungen dort vor, die noch nicht ausgewachsenen Weiden, Pappeln und Birken vor Parkpflegemaßnahmen wie in Treptow zu schützen. Die Stadt überlässt diesen Bereich des nicht mehr genutzten ehemaligen Bahngeländes sich selbst und tut gut daran. Sie spart nicht nur Geld, sondern dient damit auch der Erhaltung der Artenvielfalt. Die meisten Grünflächen wissen sich ohnehin selbst am besten zu helfen.

Der Boden zwischen den Jungbäumen auf dem Südgelände ist hierfür ein eindrucksvolles Beispiel. Man sieht gar nicht selten Blätter, die halb im Boden verschwunden sind und nur noch mit der Spitze herausragen. Es sieht aus, als hätte man sie leicht eingerollt in die Erde gestopft. Doch dem ist nicht so: Die Blätter werden von unten in den Boden regelrecht hineingezogen. Den Urheber dieses Phänomens brachte an diesem Maitag eine Amsel – im wahrsten Sinne des Wortes – ans Tageslicht. Geschwind hüpfte sie umher, hielt immer wieder kurz an, hüpfte weiter, bis sie plötzlich regungslos stehen blieb. Sie legte den Kopf schief und starrte auf den Boden, um im nächsten Moment mit schnell aufeinander folgenden Schnabelhieben das Laub auf dem Rasen zur Seite zu schleudern und anschließend den Schnabel heftig in die Erde zu stoßen. Breitbeinig [CD] ▶ 22 stemmte sie sich dann, als würde sie an einem Seil ziehen, mit nach hinten gekrümmtem Körper von der Stelle weg. Woran sie mit ruckartigen Bewegungen zog, sah tatsächlich wie ein kleines Seil aus, das die Erde nicht freigeben wollte. Die Amsel hatte einen Regenwurm ergriffen und nach einiger Zeit das Tauziehen auch gewonnen. Mit dem Wurm um den Schnabel geschlungen sprang sie ein paar Meter weiter und sah sehr zufrieden aus. Für den Wurm aber gab es keine Rückkehr in das Element, für dessen Verbesserung er bis eben noch so unermüdlich gewirkt hatte. Ein durch die Regenwürmer gelockerter Boden ermöglicht besseres Pflanzenwachstum, und besseres Pflanzenwachstum – die Amsel hatte den Wurm inzwischen schon fast verspeist und würde ihn in Kürze zu einem wunderbaren Pflanzendünger verdauen – sorgt letztendlich auch für eine Verbesserung der Luft.

Der Stadtluft werden trotz der angegriffenen Kastanienbestände in letzter Zeit günstige Prognosen gestellt. Dafür werden verschiedene Gründe angeführt, wie etwa die allmähliche Abschaffung der Kohleheizungen und die schwindende Zahl industrieller Betriebe in der Stadt. In allen Statistiken und Vorhersagen fehlt aber das Tier, das beim Erhalt der für die Stadtluft so wichtigen Grünflächen einen großen Anteil leistet. Der unermüdlich den Boden durchwirkende Regenwurm scheint keiner Erwähnung wert.

Regenwürmer leben in zweierlei Gangsystemen. Das eine durchzieht die oberflächennahe Humusschicht in alle Richtungen, das andere dringt senkrecht nach unten in den Boden ein und kann bis zu acht Meter tief sein. Bei Kälte oder anhaltender Trockenheit ziehen sich die Würmer in die tief liegenden Gänge zurück. Wenn sie in der Oberflächenschicht arbeiten, kann man das an den Amseln oder Molchen erkennen, die versuchen, die Würmer aus dem Boden zu zerren. Regenwürmer können sich dem Zugriff zwar in gewisser Weise widersetzen, indem sie sich versteifen und mit ihren wenigen Borsten in die Erde haken, müssen dabei allerdings oft ihr Körperende einbüßen. Ihr gutes Regenerationsvermögen ermöglicht es ihnen jedoch, das Hinterteil nachzubilden. Manchmal passiert es, dass sie dann gleich zwei Hinterenden regenerieren. Den Kopf hingegen können sie nur nachbilden, wenn ihnen vom Wurmkörper der größere Teil geblieben ist. Begegnet man einmal einem solchen Wurm mit Doppelkopf, was nur selten vorkommen dürfte, sollte man nicht erschrecken. Obwohl ihr Anblick merkwürdig ist, handelt es sich bei diesen Tieren nicht um gefährliche Mutanten. Sie sind völlig normale Variationen ihrer Art, man sollte sie in Ruhe lassen und nicht bei ihrer ausgesprochen nützlichen Tätigkeit behindern.

Regenwürmer leisten Beachtliches für die Böden. Sie lockern durch das Graben ihrer Gänge die Struktur der Erde und sichern deren Durchlüftung. Das schafft ein die Fruchtbarkeit steigerndes Milieu des Stoffaustauschs. In der Tiefe aufgenommene Erdpartikel werden vom Regenwurmmagen zerkleinert und an der Erdoberfläche abgegeben. Dadurch wiederum wird die Wasserhaltung des Bodens verbessert und zugleich die Minerallöslichkeit erhöht. Regenwürmer zermahlen aber nicht nur Mineralbodenteilchen, der Gemeine Regenwurm Berlins ernährt sich auch von organischen Substanzen wie den erwähnten Blättern. Zu diesem Zweck kommen die Würmer gegen Abend an die Öffnung ihrer Röhren und beginnen dort ihre Suche. Wenn sie fündig geworden sind, saugen sie sich an den Blättern fest und schleppen sie in die Gänge zurück. Die von ihrem Speichel zersetzten Blätter werden bei dem Verdauungsprozess im Wurmkörper nicht nur mit allen möglichen Bakterien vermischt, sie gehen im Darm der Regenwürmer auch Verbindungen mit Mineralien ein. Die so entstehende Mischung, so genannte Ton-Humus-Komplexe, werden vom Wurm dann an der Erdoberfläche ausgeschieden und bilden einen Bestandteil des milden Humus, der den Boden zur höchsten Güte bringt. Der Gärtner der Stadt ist immer – nicht nur in Schöneberg – zuallererst der Regenwurm. Das Tier trägt mit seiner Bearbeitung des Bodens ganz maßgeblich dazu bei, dass selbst in Großstädten gute Voraussetzungen für eine reiche Flora entstehen können. Dass sich in Berlin im Vergleich zum Umland eine konkurrenzlose Artenvielfalt an Pflanzen entwickeln konnte, ist auch den Aktivitäten der Würmer in der Stadt zu verdanken.

Um sich erhalten zu können, bedürfen Pflanzen allerdings der Hilfe von Tieren. Das macht das Beispiel von Taubnesseln oder Kratzdisteln deutlich, die versprengt in kleiner Individuenzahl über die Stadt verteilt blühen. Für einen erfolgreichen Pollentransport zur Befruchtung der Artgenossen ergibt sich daraus ein handfestes Problem. Zueinander hinlaufen oder hinfliegen können die Pflanzen ja nicht, und darauf zu hoffen, dass der Wind die Pollen schon richtig verwehen wird, scheint auch keine Lösung, zumal allerorts in der Stadt Beton und Stein den Weg versperren. Die Pflanzen sind so auf Insekten angewiesen, die den Pollen transportieren. »Aus der Sicht der Pflanzen ist die Hummel ein fliegender Penis«, schrieben die Verhaltensökologen John Krebs und Nick Davies, »der Pollen von einer Pflanze zu den Fruchtknoten der anderen bringt.«

Hummeln suchen überall in der Stadt nach Blüten, in denen sie Nahrung vermuten. Ihr behäbig wirkender Flug wird von Menschen meist mit Wohlwollen betrachtet. In der Nähe von Hummeln werde es ihm nie kalt, bemerkte der amerikanische Philosoph und Dichter Ralph Waldo Emerson. In ihnen, so schrieb er, »brennt der Sonne Glut«. An manchen Tagen im Jahr sollte man sich jedoch besser etwas Warmes anziehen, wenn man den kräftigen, pelzig behaarten Insekten bei der Arbeit zuschauen möchte. Häufig nämlich sind Hummeln auch bei Temperaturen unterwegs, die uns frösteln lassen. Sie verfügen über eine ausgezeichnete Wärmeregulation und vermögen bei Temperaturen zu fliegen, bei denen zum Beispiel Honigbienen den Korb gar nicht erst verlassen. So konnten sie sogar die Arktis besiedeln und die Gipfel europäischer und nordamerikanischer Berge, wo die Lufttemperatur auch im Sommer über längere Zeit kaum zehn Grad Celsius übersteigt. Man sah Hummeln schon in Schneestürmen, bei Regen und Temperaturen knapp unter dem Gefrierpunkt ihre kleinen Flügel fast 200-mal in der Sekunde schlagen. Die Tiere können den Wärmestrom zwischen dem Brustteil und dem Hinterleib entweder beschleunigen oder verzögern und somit den Außentemperaturen in einem gewissen Rahmen entgegenwirken. Bei hohen Temperaturen verhindert ein Hilfsmechanismus die Überhitzung der Hautflügler. Sie würgen dabei Flüssigkeit aus dem Honigmagen in ihren Saugrüssel, mit dem sie anschließend kräftig wedeln. Dadurch verdunstet die Flüssigkeit, und ihr Kopf wird gekühlt.

Einen klaren Kopf benötigen die Hummeln, um in den blühenden Landschaften möglichst effizient ihre Nahrung – Nektar und Pollen der Pflanzen – zu sammeln. Wenn im Frühjahr die Königinnen aus ihren Verstecken kommen, in denen sie reglos überwintern, beginnen sie, an den ersten Blüten Nektar zu trinken. Sobald sie satt geworden und zu Kräften gekommen sind, werden sie unruhig. Im niedrigen Suchflug gleiten sie dann an Waldrändern oder Hecken auf und ab und inspizieren die Gegend nach einem passenden Platz für ihr Nest. Obwohl sie eigentlich wenig wählerisch scheinen, verbringen sie mitunter bis zu zwei Wochen mit der Suche. Vogelnistkästen, Spalten in altem Holz oder alle möglichen Erdlöcher dienen Hummeln als Neststandorte. Besonders gern bauen Hummelköniginnen ihre Brutzellen in verlassenen Mäusenestern. Aus Grashalmen und Moosen formen sie darin eine kleine, innen hohle Kugel, eine Art Wohnraum, dessen Wände sie mit Wachs verkleben. In der Nähe des Eingangs bauen sie einen bis zu zwei Zentimeter hohen Wachstopf, in den sie nach ihren Sammelflügen regelmäßig Nektar erbrechen. Sind all diese Vorbereitungen getroffen, streifen sie sich die gesammelten Pollen aus dem so genannten Körbchen, einer Vertiefung an den Hinterbeinen, und bauen daraus eine Brutzelle. Dort hinein legen sie fünf bis zehn Eier, danach verschließen sie die Zelle. Nach nur etwa drei Tagen schlüpfen Hummellarven aus ihren Eiern. Die Königin, die den Nestbau und das Anlegen der ersten Vorräte für die Brut ganz allein besorgt hat, muss dann wieder ausfliegen und für neues Futter sorgen.

Bis die ersten Arbeiterinnen nach vier Wochen schlüpfen, ist die Königin weiterhin für die gesamte Versorgung und Instandhaltung des Nestes zuständig. Sie muss das Nest säubern, Nahrung herbeischaffen und für die Eier, Larven und Puppen die Wärme in der Brutzelle relativ konstant halten. Dazu bebrütet sie die Zelle regelrecht. Mit gestreckten Beinen legt sie sich über die Brut und bedeckt sie mit der wenig behaarten Bauchseite. Dabei steckt sie den Kopf in den Wachstopf, den sie am Eingang für sich gebaut hat. Die Königin trinkt ihn in einer Nacht vollständig aus – so stärkt sie sich für die am nächsten Tag bevorstehende Arbeit.

Die erste geschlüpfte Generation der Kolonie ist wohl auch wegen der noch nicht ausreichenden Nahrungszufuhr wesentlich kleiner als die Königin. Auf dem Schöneberger Bahngelände konnten die zwei Spaziergänger an jenem schönen Maitag etliche kleine Hummeln neben größeren Königinnen brummen hören. Wenn die Hummeln das Nest verlassen, kann man sie dabei beobachten, wie sie zunächst scheinbar wahllos verschiedene Blüten ansteuern. Das ändert sich aber schnell. Der amerikanische Hummelspezialist Bernd Heinrich markierte Hummeln und folgte ihnen bei der Futtersuche. Da Hummeln sich nicht wie Bienen über den Standort von Blüten verständigen, sondern jedes einzelne Tier auf eigene Faust auf Nahrungssuche geht, entwickeln sie dementsprechend individuelle Vorlieben. Sogar Hummeln eines Nests unterscheiden sich bezüglich der Pflanzen, die sie bevorzugt anfliegen. Hat eine Hummel einmal gelernt, aus einer bestimmten Pflanzenart Pollen zu beziehen, wird sie sich auch künftig an sie halten. Das hat für sie den Vorteil, mit der einmal beherrschten Technik Kraft sparend sammeln zu können. Von den unterschiedlichen Vorlieben der Hummeln profitieren nicht zuletzt die Pflanzen: Sie garantieren ihnen eine effektive Befruchtung. Die Tiere spezialisieren sich dabei auch auf seltenere Pflanzen und legen, wenn nötig, selbst größere Entfernungen zurück, um den an einer Blüte gesammelten Pollen an eine andere der gleichen Art wieder abzugeben. Hummeln haben somit eine zentrale Bedeutung für die Artenvielfalt der Stadtflora.

Eine Hummel auf einer Blüte, Nektar trinkend, vor dem Eingang zu ihrem Erdnest. Am rechten Bildrand das geöffnete Nest mit den Waben für die nachwachsende Brut.

Dass Hummeln in ihrer aktiven Zeit vom Frühjahr bis in den Herbst bei jedem Wetter Pollen sammeln, unterscheidet sie von den anderen in der Stadt lebenden Hautflüglern wie Wespen und Bienen. Wespen etwa sitzen, solange es kühl, grau und regnerisch ist, weitgehend untätig vor oder in ihrem Nest. Bei warmem Sommerwetter werden sie allerdings rasch aktiv und finden sich, meist sehr zum Ärger der Menschen, als ungebetene Gäste auf Pflaumenkuchen, Eis oder an Gläsern mit süßen Getränken ein. Versuche, sie zu verscheuchen, sind meist mit Panikreaktionen verbunden. Die Stiche der Wespen sind nicht ganz zu Unrecht gefürchtet. Versehentlich verschluckte Wespen, die ihren Stachel in die Luftröhre jagen und den Hals zuschwellen lassen, können ja tatsächlich gefährlich sein. Solche Fälle allein rechtfertigen aber nicht, dass man den Wespen gnadenlos mit Feuer, Gift oder auch einem Staubsauger zu Leibe rückt. Prinzipiell ist nämlich das Gift von Wespen nicht gefährlicher als das von Bienen und Hummeln. Wie diese stechen Wespen – im Unterschied zu Mücken – nicht, um sich zu ernähren, sondern ausschließlich, um sich zu verteidigen, wenn sie sich bedroht fühlen. Die seltenen Fälle, in denen Stiche von Wespen, Bienen oder Hummeln zu schweren gesundheitlichen Beeinträchtigungen oder sogar zum Tod führten, waren bislang immer auf allergische Reaktionen zurückzuführen. Das Insektengift selbst kann anfängliche Schmerzen und etwas länger anhaltende lokale Schwellungen bewirken, Schlimmeres jedoch nicht.

Bienen, Wespen und Hummeln unterscheiden sich allerdings in ihrem Stechverhalten. Während Wespen und Hummeln ihren Stachel nach dem Stich wieder aus dem Opfer herausziehen, bleibt der Stechapparat der Honigbienen stecken und wird aus ihrem Hinterleib herausgerissen. Dies führt zum Tod der Tiere. Die spezielle Größe ihres Volkes erlaubt es ihnen, einige Arbeiterinnen als »Opfer« für die anderen Stockmitglieder abzustellen. Bienenköniginnen sind das ganze Jahr über von mehreren tausend Arbeiterinnen umgeben, sodass der Verlust einiger hundert Exemplare keine nennenswerten Folgen für das Volk hat. Hummel- und Wespenvölker können sich Verluste in einer solchen Höhe schon deshalb nicht leisten, weil sie sich jedes Jahr aus einer im Vorjahr begatteten Königin von Grund auf neu aufbauen müssen.

Von den über tausend Stechwespenarten nisten nur drei in der Nähe von Häusern beziehungsweise in ihnen. Die zu den Papierwespen zählenden Gemeinen, Deutschen und Sächsischen Wespen sind Staaten bildende Arten. Sie fühlen sich in der Umgebung von Häusern so wohl, dass man sie schon als Kulturfolger bezeichnen kann. Auch in Großstädten wie Berlin sind sie äußerst zahlreich.

Im April oder Mai verlässt die Jungkönigin ihr Winterquartier und frisst zuerst auf Wiesen den Nektar blühender Pflanzen. Drei Wochen später macht sie sich auf die Suche nach einem geeigneten Nistplatz. Gemeine Wespen bevorzugen dafür dunkle, versteckte Orte wie unterirdische, verlassene Mäusenester oder entlegene Ecken in Gebäuden. Sie nisten aber auch in Kästen von lange nicht benutzten Jalousien an den Außenwänden von Geschäften, in Lüftungsrohren oder Schornsteinen.

Als Baumaterial sammelt die Königin Fasern von morschem, extrem verrottetem Holz. Mit Speichel vermengt, fertigt sie daraus eine Art Papier, das sie zu mehreren länglichen, rollenartigen Zellen formt. Gelblich- bis rötlich-braune, abwechselnd helle und dunkle Streifen geben ihnen ein Muster. Zunächst baut die Königin nur zehn bis 20 Brutzellen, in die sie jeweils ein Ei legt. Die Zellen verschließt sie dann mithilfe des Papiers. Sind die Larven geschlüpft, fliegt die Königin aus, um Fliegen zu jagen. Nach dem Verzehr der zerkleinerten Fliegen scheiden die Larven, wenn die Königin sie unter dem Maul streichelt, einen Flüssigkeitstropfen aus, der dieser wiederum als Nahrung dient. Ein paar Wochen nach dem Nestbaubeginn schlüpfen aus den Larven die ersten Arbeiterinnen. Ihre Geschlechtsorgane sind infolge von Mangelerscheinungen zurückgeblieben. Wie auch bei den Hummeln entstehen diese Mängel durch die karge Ernährung der Brut während der Phase, in der die

Königin noch allein, also ohne die Hilfe der Arbeiterinnen zurecht-kommen muss. Wenn das Wespenvolk genügend Arbeiterinnen hervorgebracht hat, um die Versorgung des Volkes zu sichern, stellt die Königin alle anderen Tätigkeiten ein und legt nur noch Eier. Das Nest wird dabei stetig erweitert, die Hülle immer wieder abge-brochen und dem neuen Umfang angepasst. Ursprünglich eigroß, kann es einen Durchmesser von bis zu 40 Zentimetern erreichen. In den Nestern sind dann einige Arbeiterinnen ausschließlich mit dem Ab- und Wegtragen von Erde beschäftigt. Die wachsende Zahl voll entwickelter Arbeiterinnen verbessert auch die Ernährungslage der Larven. Weil noch keine Männchen da sind, legen die Weibchen unbefruchtete Eier. In diesen wachsen bei Wespen, wie bei allen Hautflüglern, die Männchen heran. Zu dieser Zeit – etwa Anfang August – haben die Wespenstaaten eine solche Größe erreicht, dass man sie nicht mehr übersehen kann.

Richtig angriffslustig werden Wespen, wenn man ihren Nestern zu nahe kommt. Dann reagieren sie wie Bienen, deren Körbe allerdings gemeinhin in Ruhe gelassen werden, weil man sie wegen ihres Honigs für nützlich hält. Wespen haben da leider einen ganz ande-ren Ruf, da ihre Tätigkeit als Fliegenfänger gerne unterschätzt wird. Mit der Zerstörung von Wespennestern sollte man vorsichtig sein. Es ist wenig sinnvoll, oberirdisch frei liegende, sichtbare Nester zu bekämpfen, ob sie sich nun außen an Gebäuden, auf Terrassen oder an lichten, zugänglichen Stellen auf Dachböden befinden. Solche auffallend länglichen Nester beherbergen nämlich meistens die völlig harmlosen Sächsischen Wespen. Diese sind, obgleich sie auch mit einem Stachel bewehrt sind, nie aggressiv. Selbst in der Nähe ihres Nestes kann man sie stundenlang ohne die geringste Gefahr beobachten. Das ändert sich auch dann nicht, wenn der Wespen-königin der Platz im Staat streitig gemacht wird. Sächsische Wespen werden mitunter von einer Kuckuckswespenkönigin heimgesucht. Sie dringt dabei in das Nest ein, tötet die Wirtskönigin oder lässt sie von deren Arbeiterinnen umbringen. Anschließend legt sie ihre Eier, die Wirtsarbeiterinnen ziehen sie groß. Kuckuckswespen sehen Nest bauenden Arten wie den Sächsischen Wespen oftmals sehr ähnlich. Sie waren ursprünglich ebenfalls Nestbauer, leben inzwischen aber als Parasiten.

Wenn die Wespenstaaten unbehelligt geblieben sind, erreichen sie Anfang September mit bis zu 7000 Tieren pro Volk ihre größte Stärke. Die Männchen paaren sich nun mit den jungen Weibchen und sterben kurz darauf. Im Herbst, wenn die Insekten, von denen sich die Wespen ernähren, knapper werden, gehen auch die alte Königin und alle Arbeiterinnen zugrunde. Nur jung verpaarte Weibchen haben genug Fettreserven, um in einem Mäusebau oder hinter einer Baumrinde den Winter zu überstehen.

Im Winter belästigen Wespen demzufolge normalerweise niemanden mehr. Die Zeiten, in denen Wespennester die Schornsteine verstopften, werden mit den Kohleheizungen allmählich ganz verschwinden. So wird es immer seltener vorkommen, dass mit dem durch ein Nest am Abzug gehinderten Rauch auch einige wie betäubt wirkende Wespen in die Wohnung gekrochen kommen, die dann dem panisch herbeigerufenen Kammerjäger zum Opfer fallen.

Mit der langsamen Verdrängung der Kohleheizungen und der Umwandlung von nicht dauerhaft beheizten Gebäuden in dauerbeheizte – wie dieser Vorgang in der Sprache der noch jungen Forschungsrichtung der Stadtökologie heißt – ist ein tief greifender Wandel der Fauna im Haus verbunden. Die Einführung der Zentralheizung stoppt zum Beispiel die weitere Entwicklung des Pochkäfers und fördert die Ausbreitung des Speckkäfers. Die in mit Kohle beheizten Gebäuden häufige Küchenschabe wird unter den Dauerheizungsbedingungen von der Deutschen Schabe abgelöst. Die Kleidermotte vermag jetzt sogar drei bis vier Generationen im Jahr hervorzubringen, in Kohleheizungswohnungen waren es nur ein bis zwei.

Immer öfter finden sich in städtischen Wohnungen auch dicht gereihte Straßen winziger gelblicher Tiere, die plötzlich über die Kabel aus dem Computergehäuse gekrabbelt kommen und sich in der Wohnung verbreiten. Die so genannten Pharaoameisen haben es dank der Zentralheizung geschafft, die ganze Welt zu besiedeln. Die kosmopolitischen Tiere leben in Krankenhäusern von London über Amsterdam bis Irkutsk, in Bäckereien von Chicago bis Stockholm oder auch in Computergehäusen von Dahlem bis Hohenschönhausen. Ausrotten wird man sie bei diesem Ausmaß ihrer Verbreitung nicht mehr können. Man bemerkt sie meist auch erst dann, wenn sie sich schon stark vermehrt haben und in Scharen aus dem Computergehäuse herausdrängen, auf der Suche nach Milch und Brot auf dem Tisch oder Haferflocken im Regal. Und die kleinen Biester kommen überall hin, sie erreichen selbst engste Hohlräume.

Die Ameisenkolonien pflegen ein höchst produktives Paarungsverhalten. Ständig werden neue Königinnen hervorgebracht, die sich mit ihren Nestverwandten paaren. Sie bleiben einer Fortpflanzungsgemeinschaft treu und sind, wie die Ameisenspezialisten Bert Hölldobler und Edward O. Wilson bemerkten, dadurch »eigentlich unsterblich«.

In solchen Gemeinschaften gelangen sie, verborgen in Gepäck oder Bananencontainern, in die ganze Welt. Nach dem Transport können die Tiere im Prinzip überall dort heimisch werden, wo ihnen beheizte Räume zur Verfügung stehen. Diese Umgebung benötigen sie für eine erfolgreiche Vermehrung. Das Eindringen der Pharaoameisen in die Häuser und Wohnungen ist durchaus beunruhigend, denn sie fressen nicht nur Fleisch, Milch, Mehl- und Eierspeisen aus der Vorratskammer, sie wandern auch gerne zwischen feuchten Toiletten und trockenen Regalen hin und her. Dabei tragen sie Krankheitskeime aller Art mit sich herum, die sie dann auf ihren Wanderungen verbreiten. Für Pharaoameisen gilt besonders, was für viele Ameisenarten gilt: Städte begünstigen ihre Ausbreitung infolge des dort wärmeren Klimas und der hohen Dichte von Häusern und Wohnungen.

Doch auch draußen auf den Straßen können Ameisen lästig werden. Die beiden Spaziergänger waren mittlerweile in der Potsdamer Straße angelangt und beobachteten auf dem Parkplatz neben dem Varietétheater *Wintergarten* eine Frau, die wütend an ihrem Auto herumwischte. Die Ausscheidungen von Blattläusen tropften von oben aus den Blättern herunter und verklebten die Windschutzscheibe und das Dach des unter einem Baum geparkten Wagens. Ein Blick auf den Baumstamm genügte, um die Urheber dieses Ärgernisses ausfindig zu machen. Eine Kolonie von kleinen, etwa vier Millimeter großen schwarzgrauen Ameisen wanderte dort zweispurig auf und ab, ohne Unterlass krochen weitere aus den Ritzen am Boden des Parkplatzes hervor.

Der Zusammenhang zwischen den emsigen Tierchen und den schmierigen Autoscheiben findet sich einige Meter über dem Parkplatz in der Krone des Baumes. Die in Städten vorzugsweise unter Pflastersteinen nistenden Schwarzgrauen Wegameisen gehören zu jenen Ameisenarten, die sich vorwiegend von den Ausscheidungen der Blattläuse ernähren. Ihren Nahrungsnachschub sichern sie sich, indem sie die Läuse regelrecht züchten und dadurch für ihre Verbreitung sorgen. Das kann so weit gehen, dass sie die Läuse aus den Blättern eines gefällten Baumes fischen, um sie dann auf einem anderen Baum zu platzieren. Auch kommt es vor, dass die Ameisen die Eier der Läuse im Winter mit in ihre Bauten unter den Pflastersteinen nehmen und so für ihr Überleben in der kalten Jahreszeit sorgen. Im Frühjahr setzen sie die Jungläuse auf den Bäumen ab und besuchen sie dort täglich. Zu ihrer Nahrung kommen die Ameisen, indem sie die Läuse mit ihren Fühlern bearbeiten – es sieht aus, als würden sie sie kitzeln –, bis die Läuse einen zuckerhaltigen Tropfen ausscheiden, den die Ameisen dann aufnehmen und fressen. Für Menschen und ihre Autos kann das insofern unangenehm werden, als die Läuse immer mehr Zuckersud absondern, als die Ameisen trinken können. Der überschüssige Zucker tropft dann vom Baum und verklebt die Scheiben darunter stehender Autos.

Als die beiden Spaziergänger den Ameisen versonnen bei der Nahrungsbeschaffung zusahen, dachten sie jedoch noch immer an den Sumpfrohrsänger von der Brache am Südgelände. Blattläuse und Ameisen gehören nämlich zum bevorzugten Fressen ihres singenden Begleiters vom Nachmittag. Irgendwie, fanden sie in diesem Moment, griff alles ineinander.

Während die beiden Spaziergänger über so genannte nützliche und schädliche Tiere nachdachten, flanierten sie weiter in Richtung Tiergarten. Dort machten sie eine Pause in einem Lokal. Auf einer Bank am Fenster sitzend, hatten sie einen guten Blick über die gesamte Gaststube. Sie versanken in einer wohligen Ruhe, erschöpft von den Eindrücken des Tages. Zumindest hier schien die Wildnis der Großstadt ausgesperrt zu sein. Ein Trugschluss, wie sich kurz darauf herausstellte: Es war eine Art Schatten, der plötzlich auf eine Veränderung in einer Ecke des nicht gerade hellen Raums hindeutete, nicht mehr als ein vages Gefühl, dass sich da doch gerade etwas bewegt hatte. Auf der halbhohen braunen Holzverschalung an der Wand war jedoch nichts Ungewöhnliches zu sehen. Dann allerdings, nach einer kleinen Verzögerung, kam zwischen zwei Brettern allmählich ein Kopf zum Vorschein. Er drehte sich von rechts nach links und von links nach rechts, und plötzlich schoss eine Ratte hervor, die ebenso schnell an einer anderen Stelle des Raumes wieder aus dem Blickfeld der Gäste verschwand. Drei weitere Artgenossen folgten nur wenige Sekunden darauf. Die Erkenntnis, dass soeben vier Ratten das Lokal durchquert hatten, löste unter den anwesenden Gästen die angesichts dieser Tierart weit verbreitete Panik aus.

Wenn es ab dem Frühjahr in der Stadt wärmer wird, verlassen die Ratten immer öfter die Gebäude, in die sie im Herbst eingedrungen sind – so auch an jenem Maitag in Berlin. Während der Winterzeit haben sie meist nicht nur die Vorratskammern der Menschen in den Städten geplündert, sondern auch ihren Bestand enorm vergrößert. Das bestätigt eine Meldung des Schädlingsbekämpfer-

161

Verbandes aus dem Frühjahr 2002: Die Zahl der Ratten in Deutschland hat sich in den letzten fünf Jahren auf 300 Millionen Exemplare verdoppelt. Zweifel sind allerdings immer angebracht, wenn in Bezug auf Ratten mit Zahlen operiert wird. Denn, wie Robert Rath vom Berliner Landesamt für Arbeits- und Gesundheitsschutz bemerkte, könne letztlich niemand genau wissen, wie viele Ratten es gebe. Die wendigen grauen Nagetiere zu zählen, überfordert die menschlichen Fähigkeiten. Für Berlin wagte Rath dennoch eine Prognose. Da die meisten Schätzungen zur Größe von Rattenpopulationen aus Hochrechnungen gewonnen würden, deren Grundlage die vorhandenen Lebensräume für die Tiere bilden, könne man davon ausgehen, dass die Zahl der Ratten in Berlin abnehmen werde. In Neubauten mit Kellern aus dicken Mauern und mit gut gegen die Außenwelt abgedichteten Glasfenstern fänden die Ratten keinen Platz mehr zum Leben, versicherte Rath.

Ob man mit Sicherheit von dieser Entwicklung ausgehen kann, bleibt zweifelhaft. Die ursprünglich aus den asiatischen Steppen kommende Wanderratte nämlich, die problemlos Schiffe über die Ankerkette besteigt und dazu noch ausgezeichnet schwimmen und tauchen kann, wird wohl auch in Berlin noch einen trockenen Platz für die Familie finden. Hinzu kommt, dass Wanderratten in ihren Umwelt- und Nahrungsansprüchen ausgesprochen flexibel sind. Wie flexibel und geschickt sie sind, zeigte sich auch im Keller jenes Lokals, in dem die beiden Spaziergänger trotz der Ratten weiter ihre Erdnüsse aßen – die Packung war verschweißt – und ihr Bier tranken. Ein sehr kleines Loch neben einem Abflussrohr, das vom Keller aus unter das Haus führte, wies dem Wirt den Weg zur Behausung der vier Ratten. Als er den Kellerboden aufschlagen ließ, kam eine ein Meter tiefe Grube zum Vorschein. Der Bau war zu drei Vierteln mit fein säuberlich aufgenagten kleinen Kaffeesahnetöpfchen aus Plastik gefüllt. Die Rattenfamilie hatte das Kunststück vollbracht, die Sahne aus dem Vorratsregal zu stibitzen, in ihr Versteck zu befördern und erst hier zu öffnen und auszutrinken. Dabei scheinen die Tiere bei jedem Raubzug immer nur wenige Sahnedöschen entwendet und somit wohl auch ihre Entdeckung verzögert zu haben. Auf diese Weise konnten die Ratten über Monate auf kleinstem Raum unbemerkt und sicher leben. Dass sie überhaupt entdeckt wurden, lag wohl einfach daran, dass der Wirt wegen des merkwürdig hohen Verbrauchs an Kaffeesahne diese diebstahlsicher in einem Schrank verschlossen hatte, sodass die Nagetiere anderweitig auf Nahrungssuche gehen mussten. Der Gastwirt ließ die Diebeshöhle im Keller mit Zement versiegeln, und fortan sollen in dem Lokal auch keine Ratten mehr gesichtet worden sein.

Das ist an anderen Orten in Berlin nicht der Fall. Nach einer alten Bauernregel, deren wissenschaftlicher Wert hier nicht untersucht werden soll, gibt es immer dann zu viele Ratten, wenn man sie bereits am hellichten Tag sieht. Danach wäre Berlin von Ratten übervölkert. Plätze wie am Kreuzberger Maybachufer, wo sie sich zur Mittagszeit in aller Seelenruhe sonnen, gibt es viele in der Stadt. Verblüffend dabei ist, wie wenig scheu die Tiere sind. Auf dem

Eine Wanderratte, sich erhebend, mit feinen schlanken Fingern.

Helmholtzplatz in Prenzlauer Berg läuft regelmäßig eine Ratte zwischen den Parkbänken hin und her und sucht nach Essensresten, die die dort Sitzenden fallen gelassen haben. Auch von nah an ihr vorbeigehenden Passanten lässt sie sich nicht stören. Meist blickt sie nur kurz auf, um dann mit der Schnauze am Boden schnüffelnd weiterzusuchen. Diese Gelassenheit verwundert, denn der Helmholtzplatz ist alles andere als ruhig. Hunde laufen ohne Leine umher, Kinder schreien auf dem Spielplatz, die üblichen Stammgäste stehen in Gruppen zusammen und trinken ihr Bier. Es scheint, als hätten Ratten tagsüber in der Stadt außer den Kammerjägern eigentlich keine Feinde mehr zu fürchten.

Dass die Realität für die Tiere dann doch anders aussieht, weiß Rainer Altenkamp vom *Naturschutzbund* zu berichten. Altenkamp findet regelmäßig Ratten unter der Beute von Greifvögeln, die er erforscht. Er ist Habichtspezialist und verfolgt seit Jahren die Besiedlung Berlins durch die Greife. Normalerweise nähmen Ratten sich vor den Feinden aus der Luft in Acht und ließen sich nicht so leicht fangen wie zum Beispiel Stadttauben. Trotzdem stünden die Aussichten für die Helmholtzplatzratte, auch weiterhin so ruhig nach Abfällen suchen zu können, nicht allzu gut. Dies sei darauf zurückzuführen, dass die Habichte sich in Berlin immer stärker vermehren und überall in der Stadt auf Jagd gehen. So leicht wie hier, meint Altenkamp, seien sie höchstens noch in Hamburg aufzuspüren.

In manchen Hinterhöfen, die ihnen wie etwa im Stadtteil Wedding auch noch die Möglichkeit bieten, längere Strecken im Gleitflug zwischen den Häuserreihen zurückzulegen, kommen sie täglich bis zu dreimal vorbei und überprüfen den Taubenbestand. Wenn ein etwa bussardgroßer Vogel mit kurzen, breiten, abgerundeten Flügeln, einem breit gefächerten, abgerundeten Schwanz und einer kräftigen, hellen, schwarz-braun gebänderten Brust dicht über dem Boden in die Taubenmenge schießt, kann man sicher sein, dass es sich um einen Habicht handelt. Überall, wo man Tauben schreckhaft, meist senkrecht nach oben auffliegen sieht, sind in der Regel

Habichte in der Nähe. In der Panik der Fluchtreaktion werden die Flügelschläge der Tauben schneller und erzeugen ein aufbrausendes Surren. Die Tauben, die entkommen, landen nach der Aufregung meist auf benachbarten Giebeln und putzen sich erst einmal. Hat der Habicht eine Taube geschlagen, kröpft er sie meist gleich an Ort und Stelle, wobei »kröpfen« nichts anderes als fressen bedeutet. Habichte transportieren ihre Beute selten über längere Strecken. In den Hinterhöfen kann das zu Konflikten mit anderen Tieren führen. Die Höfe sind in Berlin meist von Elstern oder Nebelkrähen besetzt. Wenn diese einen Habicht mit einer Taube oder einer Ratte im Schnabel bemerken, versuchen sie, ihm unter lautem Gezeter die Beute abzujagen. Das gelingt ihnen zwar selten, aber beim Fressen stört es den Habicht wohl schon, sich immer wieder nach verschiedenen Seiten – Krähen und Elstern greifen meist zu zweit und abwechselnd aus unterschiedlichen Richtungen an – verteidigen zu müssen.

Mittlerweile brüten etwa 70 Habichtpaare in Berlin, und es ist davon auszugehen, dass es stetig mehr werden. Die einzige notwendige Voraussetzung für ihre Ausbreitung sind Bäume, da sie nicht wie die Wanderfalken vom Alexanderplatz auf Gebäude als Niststandorte ausweichen können. Das liegt an ihren im Vergleich zu Falken weicheren und spitzeren Krallen. Sie würden sich bei ständiger Bewegung auf steinigem Grund zu schnell abnutzen, schließlich stumpf werden und brechen. Als Fanginstrumente für Tauben, Ratten, Eichhörnchen oder kleinere Vögel wie Grünlinge oder Amseln wären sie dann nicht mehr zu gebrauchen.

Ihre Nester bauen Habichte meist in den oberen Regionen von Kiefern oder Spitzahornen, für die sie in Berlin eine Vorliebe entwickelt haben. Mitunter sieht man die Jungen schon im Mai auf den Ästen um das Nest herumklettern. Wie geschickt sie dabei sind, konnten die beiden Spaziergänger in der Abenddämmerung unter einem Ahornbaum im Tiergarten beobachten. In acht Metern Höhe sprangen zwei Habichtjunge munter auf den Ästen umher, ohne im

Geringsten davon verunsichert zu sein, dass sie dabei vielleicht herunterfallen könnten.

Beim Beobachten von Habichten muss man kein schlechtes Gewissen haben. Scheu und störanfällig, wie sie in Bestimmungsbüchern beschrieben werden, sind die Vögel in Berlin nämlich keineswegs. Nicht einmal die *Love Parade* schien die drei Paare, die im Tiergarten ihre Jungen großziehen, in irgendeiner Weise zu belästigen. Solange man ihre Ansiedelung nicht behindert und sie ausreichend zu fressen finden, kommen sie mit Menschen und deren vermeintlichen Störungen wunderbar zurecht – zwei wesentliche Voraussetzungen, die für die anhaltende Verbreitung vieler Tiere in Berlin und anderen Städten gelten. Trotzdem ist der Mensch der bedeutendste Feind der Habichte. In den sechziger und siebziger Jahren des letzten Jahrhunderts ging der mitteleuropäische Habichtbestand stark zurück. Besonders Hühner- und Taubenzüchter, aber auch Jäger stellten den leicht zu fangenden Greifvögeln nach, selbst heute werden noch Fallen aufgestellt. In der Stadt ist die Habichtjagd eigentlich streng verboten und gilt als schwere Jagdwilderei. Trotzdem, so vermutet der Habichtforscher Altenkamp, seien die wenigen in seinen Beobachtungsjahren zu verzeichnenden Verluste in der Habichtpopulation auf illegale Fänge zurückzuführen. Solange es sich bei diesen Nachstellungen um vereinzelte Ausnahmen handelt, werden sie dem Habichtbestand der Stadt allerdings keinen Schaden zufügen.

Habichten könnte aber demnächst ein sozusagen natürlicher Konkurrent erwachsen. Es gibt Hinweise, dass Uhus der Spur der Habichte folgen und wie diese langsam in die Städte ziehen. Habichte gehören zu den Beutetieren der großen Eulen, die eine Flügelspannweite von bis zu 1,50 Metern erreichen. Die Entwicklung in Hamburg, wo Habichte in großer Zahl heimisch geworden sind und nachgezogene Uhus begonnen haben, dauerhaft zu siedeln, könnte beispielgebend auch für Berlin sein. Die ersten Uhus wurden jedenfalls in Berlin bereits gesichtet. So saß im Frühjahr 2003 an mehreren Tagen frühmorgens ein Exemplar in den Bäumen der Schlossstraße, einer Einkaufsmeile im Bezirk Steglitz, und beobachtete aus seiner erhöhten Position die Straße. Das Tier verschwand regelmäßig dann, wenn der Tagesverkehr auf der von Menschen und Autos stark belebten Straße einsetzte.

Dass dieser Uhu aber ein Vorbote einer zukünftigen Uhu-Population in Berlin sein könnte, steht durchaus noch zu bezweifeln. Zwar

Ein Habicht in seinem ursprünglichen Waldbiotop, mit den weichen Greifkrallen auf hölzernem Grund, den er auch in den Städten weiterhin benötigt.

konnte eine Zeit lang auch in Tempelhof ein Uhu dabei beobachtet werden, wie er dort auf den Dächern der Häuser saß oder umherging. Es könnte sich bei diesen einzelnen in Berlin gesichteten Uhus aber auch um domestizierte Tiere handeln, die aus der Gefangenschaft enflohen sind. Nachforschungen haben ergeben, dass allein in Tempelhof von drei Privatpersonen Uhus gehalten werden. Der Dach-Uhu von Tempelhof wird also mit großer Wahrscheinlichkeit aus seinem Käfig entwichen sein – und hoffentlich dorthin wieder zurückgefunden haben.

Uhus, die in Gefangenschaft gelebt haben, können in Freiheit meist gar nicht überleben, weil sie die Jagdtechniken nicht beherrschen. Der Uhu aus der Schlossstraße sah allerdings so aus, als würde er mit dem Leben in der Stadt gut zurechtkommen. Zwischen den Häusern verschwand er mit den Flügeln rudernd jedenfalls nicht weniger elegant als die in Steglitz häufig anzutreffenden Habichte. Ein verlässliches Beobachtungsobjekt ist der Schlossstraßen-Uhu jedoch nicht – als die beiden Spaziergänger am folgenden Morgen mit der ersten U-Bahn in der Schlossstraße eintrafen, um ihre Erkundungstour durch die Tierwelt der Stadt fortzusetzen, war dort außer ein paar früh aufgestandenen Spatzen und verschlafenen Passanten nichts zu entdecken. Doch allein der Ausblick, die Uhus könnten in die Stadt kommen, stimmte die Spaziergänger hoffnungsfroh. Berlin würde wieder etwas wilder, für die Habichte und Ratten etwas gefährlicher und für unsere Natur liebenden Flaneure um eine Attraktion reicher sein. Sie könnten im nächsten Herbst wie die Uhus die Ohren spitzen und mit etwas Glück in Treptow oder im Tiergarten deren Anwesenheit erlauschen. Im Herbst nämlich singen die Uhus in der Dämmerung ihre monoton gereihten »uuoo«- oder »buho«- Rufe. Im Duett steigern sie sich dabei zu einem nicht besonders lauten, aber weithin hörbaren »huhuhu«. Das hat ihnen die mythische Konnotation mit Tod und Hexerei eingebracht. Aber das ist natürlich Unsinn, sie wollen sich einfach nur paaren.

Danksagung

Ohne die Unterstützung zahlreicher Personen und Institutionen wären die für die Entstehung des Textes notwendigen Informationen nicht zusammengekommen. Kein Einzelner überblickt noch die Vielfalt der Tier- und Pflanzenwelt in der Stadt. Genauso wenig ist es möglich, die manchmal sich nur kurz zeigenden Phänomene ohne fachliche Beratung einzuordnen beziehungsweise zu interpretieren. Mein Dank gilt deshalb besonders PD Dr. Henrike Hultsch, Prof. Dr. Dietmar Todt, Dr. Roger Mundry, Dr. Henrik Brumm und Dr. Silke Kipper vom Institut für Verhaltensbiologie der *Freien Universität Berlin* für die großzügige Überlassung von teilweise noch unveröffentlichten Informationen. Bei PD Dr. Jörg Böhner möchte ich mich für den Starensound und seine Einweisung in die »geheimen« Orte der Stadt bedanken, an denen manchmal nur während weniger Tage bestimmte Beobachtungen zu machen sind. Rainer Altenkamp vom Landesverband Berlin des *Naturschutzbundes* (NABU), Dr. Klaus Witt von der *Berliner Ornithologischen Arbeitsgemeinschaft* (Boa), Marc Franusch von den *Berliner Forsten*, Dr. Andreas Meißner vom *Naturschutzzentrum Ökowerk* Berlin und Klaus von Krosigk vom Denkmalschutzamt Berlin haben auf Anfragen zum Thema bereitwillig ihr Wissen zur Verfügung gestellt, dafür sei ihnen gedankt. Freya Mühlhaupt von der *Berlinischen Galerie* hat durch die Einladung zu einem Vortrag dem Plan zum Buch den Weg bereitet. Prof. Dr. Günther Tembrock und Dr. Karl-Heinz Frommolt vom Tierstimmenarchiv der *Humboldt-Universität Berlin* im Museum für Naturkunde haben dankenswerterweise Aufnahmen von Tierstimmen zur Verfügung gestellt. Uta Rüenauver hat die Arbeit am Text mit Geduld und Umsicht als Lektorin begleitet, dafür einen herzlichen Dank. Mein Dank gilt ebenso Katja Klier und Niclas Dewitz für die Endredaktion und die Bildauswahl, Christiane Seiler für den alten Brehm sowie allen Mitarbeitern des *Nicolai Verlags* für ihre vielfältigen Hilfen. Dr. Eberhard Sens vom *RBB* ist nicht nur die Entstehung des Rundfunkessays »Waschbären im Grunewald, Biber im Tegeler See, Füchse überall: Tierleben im Berlin« zu verdanken, sondern auch, dass dieser Essay teilweise auf der beigefügten CD erscheinen konnte. Und nicht zuletzt auch Dank an Barbara Stauss, Heike Ollertz und Russell Liebman für die tausend Sachen, die das Schreiben manchmal leichter machen, wenn es eigentlich nicht mehr weiterzugehen scheint. Und nicht zuletzt gebührt all denen mein Dank, die ich hier vergessen habe. Die Liste ist so unvollständig wie die Liste der in diesem Buch behandelten Arten in der Stadt.

Cord Riechelmann

Anhang

Literatur

Diese Liste stellt eine kleine Auswahl der bei der Entstehung dieses Buches benutzten Literatur dar.

Handbuch der Vögel Mitteleuropas, hrsg. von Urs N. Glutz von Blotzheim, Wiesbaden 1987ff. (2. Auflage).

Henrike Hultsch und Dietmar Todt: Learning to sing. In: Nature's Music: The Science of Birdsong, hrsg. von Peter Marler und Hans Slabbekoom, Publikation in Vorbereitung.

Bernhard Klausnitzer: Ökologie der Großstadtfauna, Jena 1993.

Wolfram Kunick: Zonierung des Stadtgebietes von Berlin-West – Ergebnisse floristischer Untersuchungen. In: Landschaftsentwicklung und Umweltforschung 14, Berlin 1982.

David McDonald: Unter Füchsen. Eine Verhaltensstudie, München 1993.

Roger Mundry: Struktur und Einsatz des Gesanges bei Sprosser-Mischsängern (Luscinia Luscinia L.), Diss., Berlin 2000.

Josef H. Reichholf: Comeback der Biber. Ökologische Überraschungen, München 1996.

Dietmar Todt: Gesang und gesangliche Korrespondenz der Amsel. In: Naturwissenschaften 57, 1970.

Klaus Witt: Situation der Vögel im städtischen Bereich: Beispiel Berlin. In: Vogelwelt 121, 2 – 3, Wiebelsheim 2000.

Bild- und Tonnachweis

Abbildungen

Ludwig Amen: Seite 90

Ingo Bartussek: Seite 84/85

Christian Blumenstein: Seite 86/87

A. E. Brehm, Brehms Thierleben. Allgemeine Kunde des Thierreichs, Bd. 1 – 3 und 7 – 9, Leipzig 1876 – 1878: Seiten 21, 27, 33, 37, 39, 43, 77, 123, 127, 131, 139, 154, 163

Manfred Delpho/Wildlifebild: Cover

Manfred Delpho: Seiten 88 und 95

Florian Möllers: Seiten 81 und 82/83

Sönke Morsch: Seiten 89, 91 und 94

Naumann, Naturgeschichte der Vögel Mitteleuropas, Bd. I, II, IV–VI, X, XI, Gera 1897 – 1905: Seiten 53, 61, 65, 70, 80, 100, 103, 109, 114, 115, 145, 147, 167

Marianne Wiora: Seiten 92, 93 und 96

CD

Tracks 1 – 5: © RBB.

Es handelt sich bei diesen Tracks um Ausschnitte aus dem Rundfunkessay »Waschbären im Grunewald, Biber im Tegeler See, Füchse überall: Tierleben in Berlin«. Manuskript: Cord Riechelmann, Redaktion: Dr. Eberhard Sens, Regie: Ralf Ebel. Die Erstausstrahlung war am 22. 5. 2004 im RBB RADIOkultur. Die Sprecherin ist Viola Sauer, der Sprecher ist Thomas Vogt.

Tracks 6, 7, 8, 18, 20, 21: Aufnahme: Roger Mundry

Tracks 11, 12, 22: Aufnahme: Dietmar Todt

Tracks 9, 10, 14: Aufnahme: Günther Tembrock

Track 13: Aufnahme: Jörg Böhner

Track 15, 16, 17: © Natur + Text GmbH, Rangsdorf. www.natur-und-text.de. Diese Aufnahmen sind der CD »Stimmen heimischer Froschlurche – Rufe zur Paarungszeit« entnommen.

CD-Inhaltsverzeichnis

1. »Neue Stadtbewohner« (16:25)
2. »Tierleben in Berlin. Ein kurzes theoretisches Zwischenstück« (2:56)
3. »Wanderfalken auf dem Fernsehturm« (6:44)
4. »Der Gesang der Amsel« (5:42)
5. »Nachtigall, ick hör dir trapsen« (6:27)
6. Feldlerche (2:53)
7. Heckenbraunelle (1:06)
8. Zilpzalp (2:51)
9. Fuchs Bellserie (0:18)
10. Wildschweine – Kontaktgrunzer einer Sau und leisere Ferkel (3:02)
11. Nachtigall – allein (1:00)
12. Nachtigall – Gesang zweier benachbart singender Nachtigallen, von denen die eine der anderen mit der Kopie der gerade gesungenen Strophe antwortet (1:17)
13. Star – Gesang eines Männchens (0:34)
14. Lachmöwen – Rufe in einer Kolonie (1:02)
15. Erdkröten – Eine Reihe von männlichen Erdkröten an einem Massenlaichplatz, einige Grasfrösche rufen am Rande des Geschehens (2:07)
16. Wechselkröten – Zwei einzeln rufende Männchen, im Hintergrund sind Moorfrosch, Erdkröte und Knoblauchkröte zu hören (2:53)
17. Rufgemeinschaft aus See- und Teichfröschen (2:17)
18. Gesang eines Sprossers, am Anfang und Ende sprossertypisch, dazwischen jedoch die Imitation einer Nachtigallstrophe (2:22)
19. Gelbspötter (4:48)
20. Sumpfrohrsänger (2:05)
21. Dorngrasmücke (3:23)
22. Amsel (0:30)

Dauer: 73:43 Minuten